高校入試

まとめ上手 社会

地理
歴史
公民

Geography | History | Civics | Summary of the Keywords

受験研究社

本書の特色

この本は，中学社会の基礎・基本事項を豊富な図版や表を使ってわかりやすくまとめたものです。要点がひと目でわかるので，定期テスト対策用・高校入試準備用として必携の本です。

もくじ

part1 地 理

1 世界と日本のすがた …… 4
2 世界のさまざまな地域 (1) …… 10
3 世界のさまざまな地域 (2) …… 16
4 世界のさまざまな地域 (3) …… 20
5 日本の地域的特色 (1) …… 24
6 日本の地域的特色 (2) …… 30
7 日本の諸地域 (1) …… 36
8 日本の諸地域 (2) …… 40
9 日本の諸地域 (3) …… 44

part2 歴 史

10 文明のおこりと日本 …… 48
11 古代国家の展開 …… 52
12 武士の台頭と鎌倉幕府 …… 56
13 南北朝の動乱と室町幕府 …… 60
14 ヨーロッパの動きと全国統一 …… 64
15 江戸幕府の成立と鎖国 …… 68
16 幕府政治の展開 …… 72
17 ヨーロッパの近代化と日本の開国 …… 76
18 近代日本の歩み …… 80
19 二度の世界大戦と日本 …… 84
20 現代の日本と世界 …… 88

part3 公 民

21 現代社会とわたしたちの生活 …… 92
22 人間の尊重と日本国憲法 …… 96
23 民主政治, 国会・内閣のしくみ …… 100
24 裁判所のしくみと三権分立, 地方自治 …… 106
25 経済のしくみとはたらき …… 112
26 国民生活と福祉 …… 116
27 国際社会と平和 …… 120

part4 高校入試対策 重要事項のまとめ

1 入試に出る統計資料（世界）…… 124
2 入試に出る統計資料（日本）…… 126
3 入試に出る事件・できごと …… 128
4 入試に出る史料 …… 132
5 入試に出る文化史 …… 136
6 入試に出る公民の図表 ① …… 140
7 入試に出る公民の図表 ② …… 142

しくみと使い方

1節は4ページ，または6ページで構成しています。

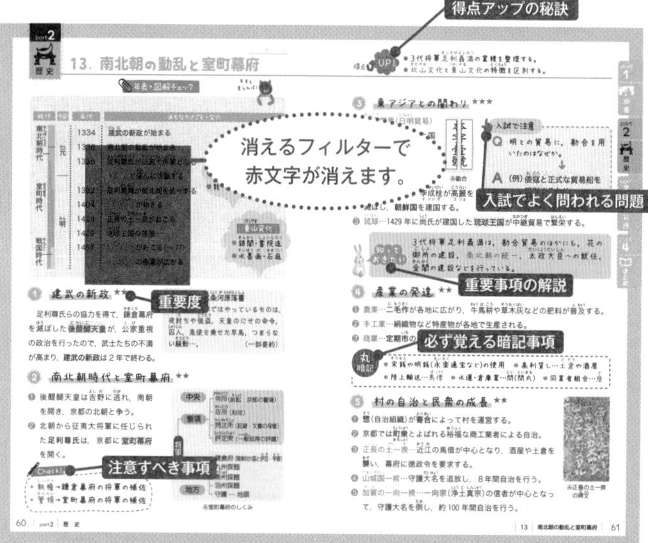

図解チェック（年表・図解チェック） 1～3ページ目，または1～5ページ目。

節を小項目に分け，それぞれの重要度に応じて★印をつけています(★→★★→★★★の3段階)。小項目は，解説文と地図・図表・写真などからなっています。

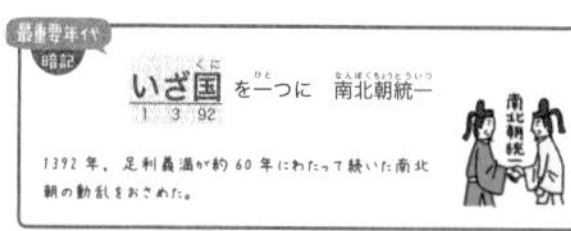

「part 2歴史」の3ページ目下には，ゴロ合わせとマンガでまとめた「最重要年代暗記」を入れています。

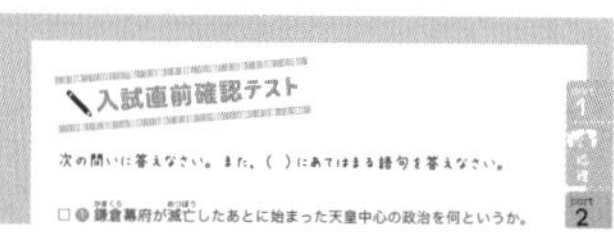

4(または6)ページ目は一問一答による節のまとめテストで，答えは下段にあります。

part4 1節は2ページ，または4ページで構成しています。

入試に頻出の重要事項をテーマごとに，図表や解説文を用いてまとめています。

part 1

地 理

月　日

1. 世界と日本のすがた

図解チェック

① 地球のすがた ★★

❶ 大きさ…赤道周囲約4万km，表面積約 5.1 億km^2。

❷ 六大陸と三大洋

丸暗記

- **ユーラシア大陸・アフリカ大陸・北アメリカ大陸・南アメリカ大陸・南極大陸・オーストラリア大陸(面積順)。**
- **太平洋・大西洋・インド洋(面積順)。陸：海＝3：7。**

❸ 地域区分…**アジア州**(さらに東アジア・東南アジア・南アジア・西アジア・中央アジアなどに区分)・**ヨーロッパ州・アフリカ州・北アメリカ州・南アメリカ州・オセアニア州**。

② 世界の国々 ★

❶ 国…独立国(領土・国民・主権の３つをもつ国)は約 190 か国。

❷ 面積の大きな国・人口の多い国

順位	面積の大きな国（2018 年）	人口の多い国（2020 年）
1位	ロシア連邦(れんぽう)(約 1710 万km^2)	中国(約 14.4 億人)
2位	カナダ(約 999 万km^2)	インド(約 13.8 億人)
3位	アメリカ合衆国(約 983 万km^2)	アメリカ合衆国(約 3.3 億人)
4位	中国(約 960 万km^2)	インドネシア(約 2.7 億人)
5位	ブラジル(約 852 万km^2)	パキスタン(約 2.2 億人)

(2020/21 年版「世界国勢図会」)

❸ 面積の小さな国(2018 年)…1 位はバチカン市国，2 位はモナコ，3 位はナウル。

❹ 人口密度…人口を面積で割った値で，1 km^2 あたりの人口を表す。
(例)日本(339 人／km^2)，中国(150 人／km^2)，ロシア連邦(９人／km^2)

❺ 国境…山や川，海などの自然を利用したものや，緯線(いせん)や経線などを利用したものがある。

- 島国(海洋国)…国土が海に囲まれている国。日本，イギリスなど。
- 内陸国…国土が海に面していない国。モンゴル，スイスなど。

- メルカトル図法と正距方位図法の特色を理解する。
- 面積・人口の上位・下位の都道府県を把握しておく。

③ 地球儀と世界地図 ★★

❶ **地球儀と緯度・経度**…地球儀は地球を縮小。大陸や島の形，方位などをほぼ正確に示す。

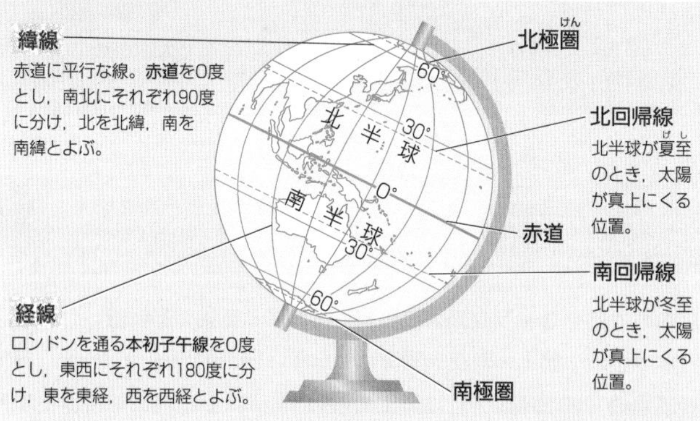

▲地球儀

❷ **メルカトル**図法…経線と緯線が直角に交わる図法。
- 長所…2地点を結ぶ直線が経線に対して同じ**角度**であり，航海図に使用。
- 短所…最短距離が曲線となる。高緯度ほど面積が拡大される。方位が正確ではない。

▲メルカトル図法

▲正距方位図法

❸ **正距方位**図法…図の中心からの**距離**と**方位**が正しい図法。円の直径は地球の円周の約4万kmにあたる。
- 長所…中心と結んだ2地点間の直線は最短距離であり，方位が正しい。航空図に使用。
- 短所…周辺部ほど陸地の形が変形される。

④ 日本の位置と領域 ★★★

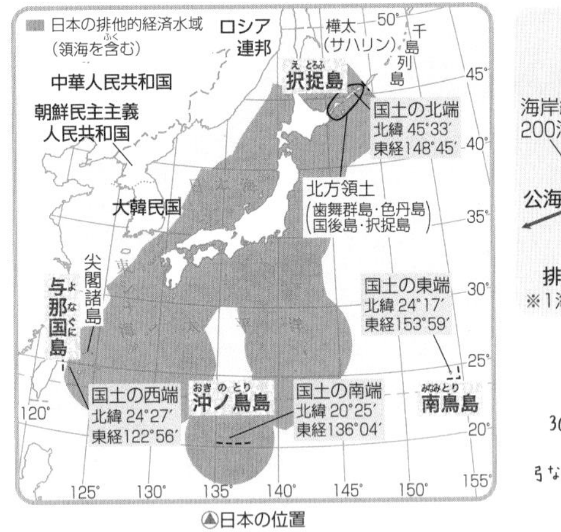

▲日本の位置

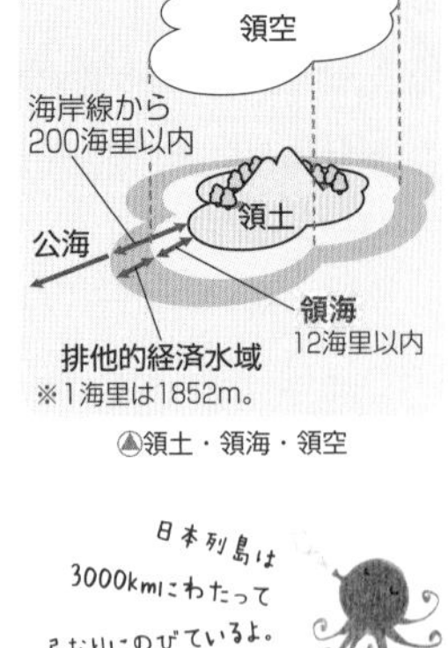

▲領土・領海・領空

日本列島は3000kmにわたって弓なりにのびているよ。

❶ 日本の位置…**ユーラシア大陸**の東に位置する島国（海洋国）。

❷ 日本の領域…**領土・領空・領海**からなる。国土面積約 38 万km²。**排他的経済水域（200 海里以内）**は国土面積の 10 倍以上。排他的経済水域内の水産資源や鉱産資源は，沿岸国が管理する。

知っておきたい 日本の領海・排他的経済水域の面積は世界第6位である。

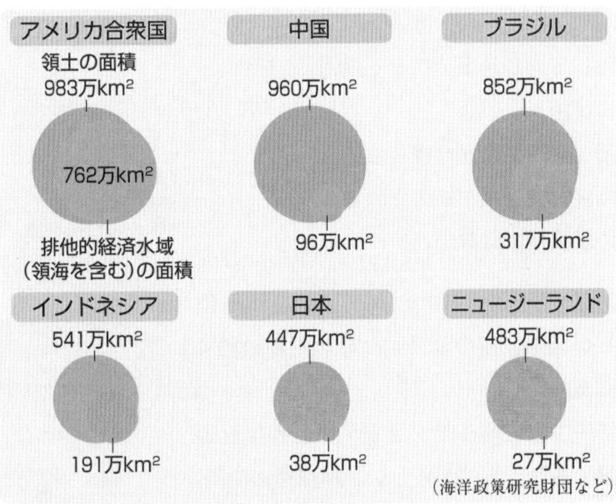

▲おもな国の領土と排他的経済水域の面積

❸ 端の島

- 北端…**択捉島**(北海道)
- 南端…**沖ノ鳥島**(東京都)
- 東端…**南鳥島**(東京都)
- 西端…**与那国島**(沖縄県)

❹ 領土をめぐる問題

- **北方領土**(北海道)…ロシア連邦が不法に占拠。
- **竹島**(島根県)…韓国が不法に占拠。
- **尖閣諸島**(沖縄県)…中国が領有権を主張。

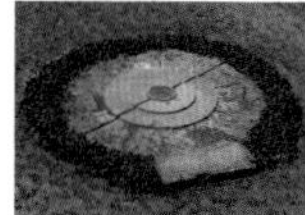
▲沖ノ鳥島(北小島)

入試で注意

Q 波の侵食から守るため，政府が約 300 億円かけて護岸工事を行った島は。
↓
A 沖ノ鳥島

Check!

- 領海→沿岸から 12 海里以内。
- 排他的経済水域→沿岸から領海を除く 200 海里以内の範囲。

5 時差 ★★

地球は 24 時間で 1 回転(360 度)。経度 **15 度**ごとに 1 時間の**時差**。日付変更線を西から東へまたぐときは，日付を 1 日遅らせる。

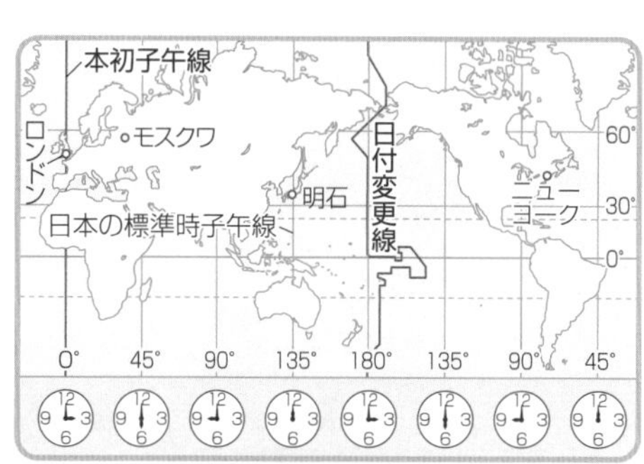

▲世界の時差

❶ 世界の標準時…イギリスのロンドンを通る**本初子午線**が基準。

❷ 日本の標準時…兵庫県明石市を通る**東経 135 度**の経線が基準。

❸ 時差の計算…**「時差＝ 2 つの都市の経度差÷15」**

- 東半球どうし(西半球どうし)の 2 点の時差。
  (数値の大きい経度－数値の小さい経度)÷15＝ 2 点間の時差
- 東半球と西半球にまたがる 2 点の時差。
  (東半球の地点の経度＋西半球の地点の経度)÷15＝ 2 点間の時差

❻ 都道府県と都道府県庁所在地 ★★

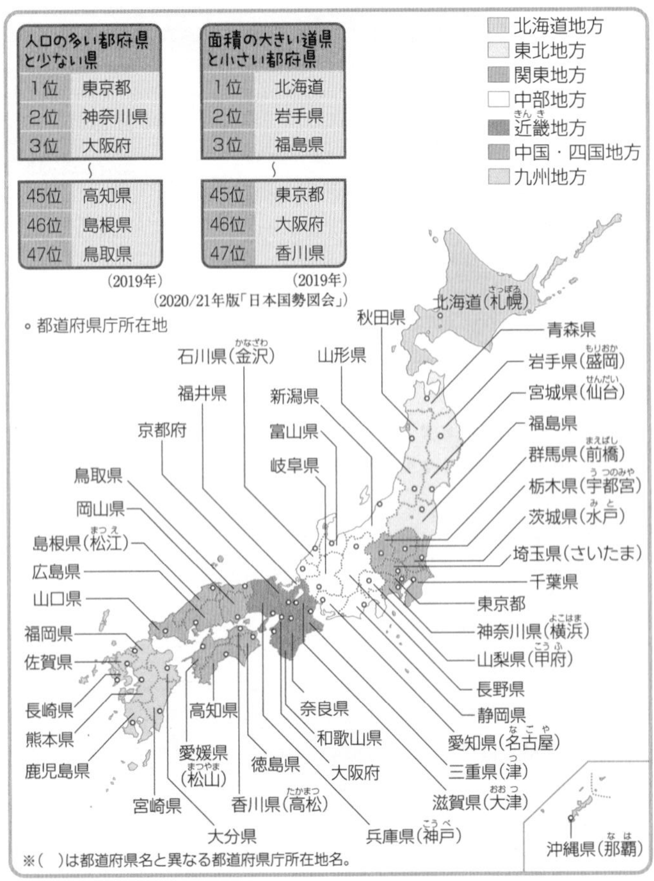

人口の多い都府県と少ない県	
1位	東京都
2位	神奈川県
3位	大阪府
～	
45位	高知県
46位	島根県
47位	鳥取県

(2019年)

面積の大きい道県と小さい都府県	
1位	北海道
2位	岩手県
3位	福島県
～	
45位	東京都
46位	大阪府
47位	香川県

(2019年)

(2020/21年版「日本国勢図会」)

Ⓐ日本の都道府県と都道府県庁所在地

❶ 都道府県

- 明治時代…最初に3府(東京府，大阪府，京都府)と302県が置かれ，1888年には3府43県(北海道を除く)に。
- 現在…**47の都道府県(1都1道2府43県)**がある。

❷ 都道府県庁所在地…都道府県庁が置かれている都市。都道府県の議会や裁判所などもあり，都道府県の政治の中心的な役割を果たしている。

入試直前確認テスト

次の問いに答えなさい。また，(　)にあてはまる語句や数字を答えなさい。

- □ ❶ 六大陸の面積を広い順に並べたとき，次の①・②・⑥の大陸は何か。
  ①(　　)大陸→②(　　)大陸→③北アメリカ大陸→④南アメリカ大陸→⑤南極大陸→⑥(　　)大陸
- □ ❷ 東京はおよそ東経 140 度，北緯 36 度に位置する。この東京の正反対の地点(対蹠点)を経度と緯度で表せ。
- □ ❸ 右の図は，東京を中心とした正距方位図法である。サンフランシスコは，東京から見てどの方角にあるか。
- □ ❹ 日本は，アジア州をさらに細かく分けたとき，何アジアに属するか。
- □ ❺ 日本列島は(　　)大陸の東に位置する島国である。
- □ ❻ イギリスのロンドンを通る経線を何というか。
- □ ❼ 日本の国土面積は約(　　)万km^2 である。
- □ ❽ 沿岸国が水産資源や地下資源を優先して獲得できる，領海を除く沿岸から 200 海里(約 370km)以内の海域を何というか。
- □ ❾ 日本南端の島は何か。また，その島が属する都道府県はどこか。
- □ ❿ 沖縄県の(　　)は，中国が領有権を主張している。
- □ ⓫ 経度何度で 1 時間の時差が生じるか。
- □ ⓬ 日本の標準時が定められている経度は何度か。
- □ ⓭ 右の地図のXで示した県の県庁所在地はどこか。
- □ ⓮ 近畿地方には内陸県がいくつあるか。

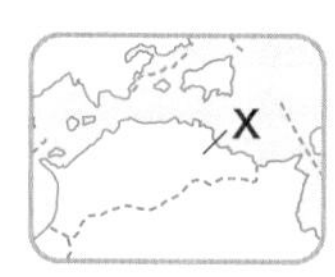

❶ ① ユーラシア　② アフリカ　⑥ オーストラリア
❷ 西経 40 度・南緯 36 度　❸ 北東　❹ 東アジア
❺ ユーラシア　❻ 本初子午線　❼ 38　❽ 排他的経済水域
❾ 沖ノ鳥島・東京都　❿ 尖閣諸島　⓫ 15 度
⓬ 東経 135 度　⓭ 高松市　⓮ 2つ

月　日

2. 世界のさまざまな地域（1）

人々の生活と環境，アジア州

図解チェック

① 人々の生活と気候 ★★★

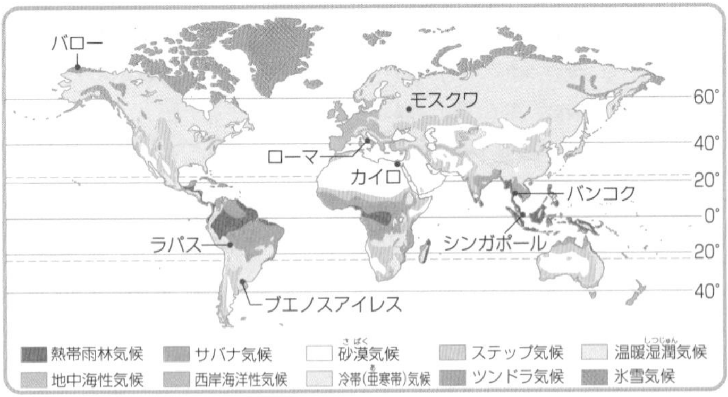

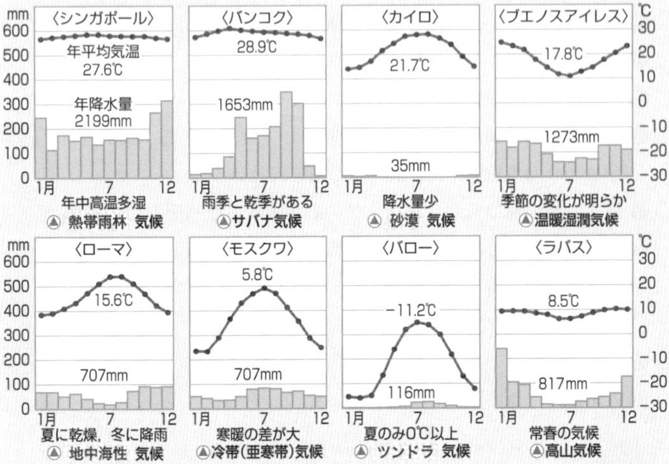

（2021年版「理科年表」など）

▲世界の気候帯と雨温図

知っておきたい　世界の気候は熱帯，温帯，冷帯（亜寒帯），寒帯，乾燥（かんそう）帯に大きく分かれており，さらに細かい気候区に分けられる。冷帯は北半球にしかない。

- 世界の気候帯や，宗教の分布を理解する。
- 中国の産業，東南アジアの宗教と産業の特色を理解する。

❶ 雪と氷の地域…**寒帯**。かつてはイヌイットがカリブー(野生のトナカイ)などをとって生活していた。

❷ 寒冷な地域…**冷帯(亜寒帯)**。冬の寒さが厳しいので住居は二重窓。玄関の扉は厚い。針葉樹林(**タイガ**)が広がる。

❸ 高温な地域…**熱帯**。一年中高温，降水量が多い。**熱帯雨林**が広がる。さんご礁が発達。**高床**の住居。

❹ 温暖な地域…**温帯**。四季があり比較的温暖。農作物の栽培が盛ん。

❺ 乾燥した地域…**乾燥帯**。オアシス農業や遊牧が行われている。砂漠化が進んでいる。

❻ 標高の高い地域…アンデス山脈中央部のペルーは**高山気候**で，リャマやアルパカを飼育。

② 世界の宗教★★

❶ 三大宗教…**キリスト教・イスラム教・仏教**。

❷ その他…インドの**ヒンドゥー教**やユダヤ人のユダヤ教などの民族宗教。

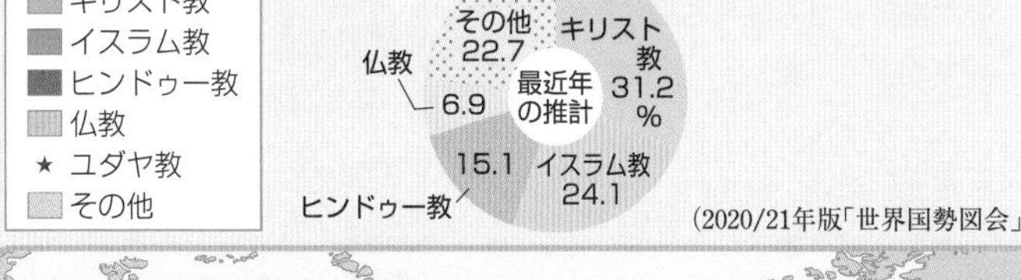

(2020/21年版「世界国勢図会」)

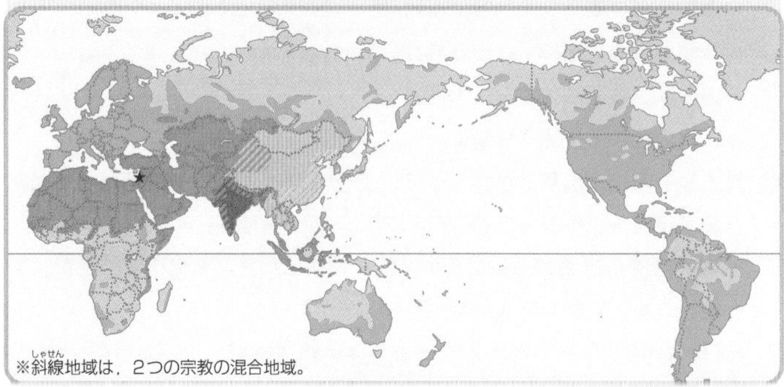

Ⓐ世界の宗教人口の割合と分布

③ アジア州の地形と気候★

❶ 地形…ユーラシア大陸の大部分。

❷ 気候…南から，熱帯，温帯，冷帯（亜寒帯），寒帯が分布している。シンガポール（熱帯雨林気候），バンコク（サバナ気候），東京（温暖湿潤気候），リヤド（砂漠気候）など。半年ごとに風向きが変わる**季節風（モンスーン）**の影響で，南アジアや東南アジアでは，夏にはまとまった雨が降り，冬には雨が少なくなる。一方，内陸の中央アジアなどでは，一年を通して雨があまり降らず，乾燥した気候になる。

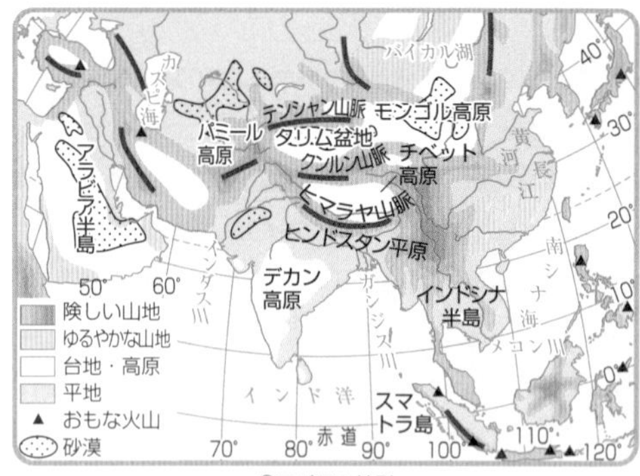

▲アジアの地形

④ 中　国★★★

❶ 農業…米・小麦・綿花・茶・豚肉などの生産量は世界第 1 位（2018 年）。

- **東北部…小麦**・とうもろこし・大豆・こうりゃん。
- **華北**…小麦，綿花。
- **華中**…米・茶。
- **華南**…米の二期作，さとうきび。
- **内陸部**…牧畜やオアシス農業。
- 人民公社から**生産責任制**による農業へ。

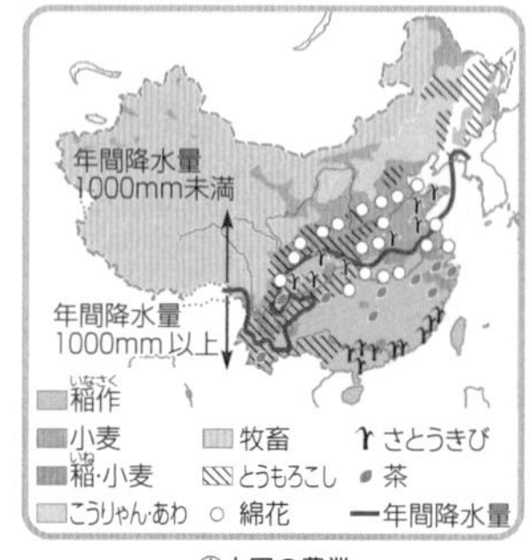

▲中国の農業

❷ 鉱工業…石炭産出量は世界の半分以上（2017 年）。原油・鉄鉱石なども豊富。

- 鉱産資源…**フーシュン**（石炭）・**アンシャン**（鉄鉱石）・**ターチン**（原油）。
- **経済特区**…沿岸部のシェンチェン・アモイなど。外国企業の誘致。
- **郷鎮企業**…町村や個人経営の企業。
- **「世界の工場」**とよばれる。近年急速に経済発展している**BRICS**（ブラジル・ロシア連邦・インド・中国・南アフリカ共和国）の一国。

③ 社会

漢民族が90%以上を占め，ほかに55の少数民族。人口抑制政策として一人っ子政策を実施していた。工業化による大気汚染などの環境問題や，内陸部と沿岸部での所得格差問題など。

知っておきたい　生産力・技術力をのばすために，生産責任制や経済特区がつくられた。

5 東南アジア ★★

❶ 農業…メコン川などの流域で稲の**二期作**。**プランテーション**（大農園）では，天然ゴムやコーヒー，バナナの栽培が盛ん。

❷ 鉱工業…労働賃金が安く，外国の企業が進出して工業化が進んでいる。

▲東南アジアの産業

❸ **シンガポール**は1970年代以降に急速に工業化し，**韓国**，**台湾**，**ホンコン（香港）**とともに**アジアNIES（新興工業経済地域）**とよばれるようになった。

❹ 植民地支配…フランスやイギリスなどが支配。**タイ**は独立を保つ。

❺ 宗教…インドシナ半島の国々の仏教，フィリピンのキリスト教，インドネシアなどのイスラム教など。

❻ **東南アジア諸国連合**（ASEAN）…10か国による経済・政治の協力組織。

❼ おもな輸出国…タイ（機械類・自動車），インドネシア（石炭・パーム油）。

⑥ 南アジア★

❶ インドの農業・鉱工業

- 農業…米・小麦・綿花・茶の生産量は世界第２位(2018 年)。
- 工業…**BRICS**の一国。最近では，**情報通信技術(ICT)**関連産業がバンガロールで盛ん。

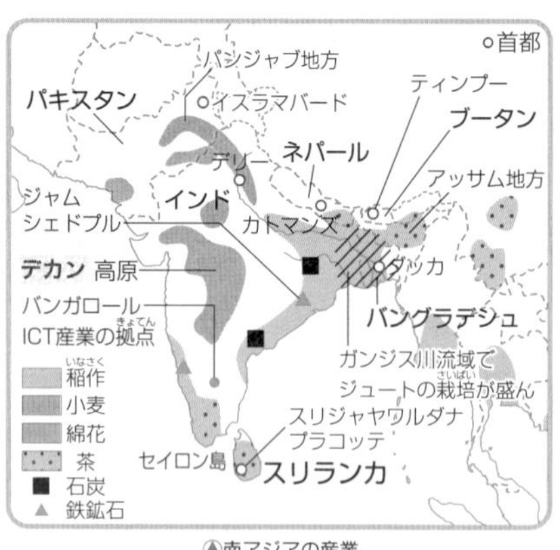

▲南アジアの産業

❷ 植民地支配…インドはイギリスから独立した後，インド，パキスタン，バングラデシュに分離。

❸ 宗教

- インド…約８割が**ヒンドゥー教**。**牛**を神の使者として敬う。
- パキスタン，バングラデシュ…イスラム教。
- スリランカ…仏教。

❹ 社会…インドの人口は約 14 億人(2020 年)で世界第２位。**カースト 制度**による身分差別のなごりがある。現在は憲法によって禁止されている。

⑦ 西アジア★★

❶ 農業・鉱工業

- 農業…大部分が砂漠気候のため遊牧やオアシス農業中心。
- 鉱産資源…**ペルシア 湾**沿岸を中心に原油産出量が多い。サウジアラビアは原油の産出量が世界第３位(2019 年)。原油は**タンカー**や**パイプライン**で日本や北アメリカ，ヨーロッパに輸出される。
- 工業…石油関連産業。

❷ 宗教…**イスラム 教**を信仰する人々が多い(大多数がアラビア語を話すアラブ人)。

❸ **石油輸出国機構**(OPEC)…1960 年，産油国の利益を守るために結成。原油生産量，価格の安定をはかる。

入試直前確認テスト

次の問いに答えなさい。また，（　）にあてはまる語句を答えなさい。

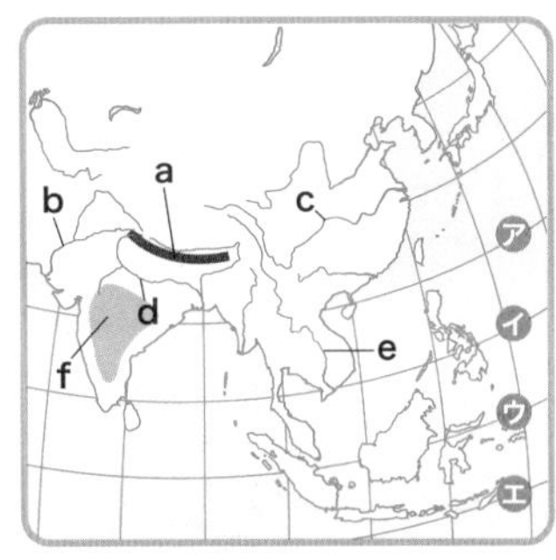

□ ❶ 地図中のア～エの緯線のうち，赤道を示すものはどれか。

□ ❷ 地図中のaの山脈を何というか。

□ ❸ 地図中のb・cの河川を何というか。

□ ❹ 地図中のdの河川の河口に広がる三角州地帯で栽培されている，繊維原料となる農作物は何か。

□ ❺ 地図中のeの河川の下流域で盛んに栽培されている農作物は何か。

□ ❻ 地図中のfの高原でおもに栽培されている農作物は何か。

□ ❼ 外国企業を誘致するため，中国の沿岸部に設けられた地区は何か。

□ ❽ 次のグラフは，ある農作物や鉱産資源の生産量・産出量の国別割合を表している。それぞれ何のグラフか。下から１つずつ選べ。

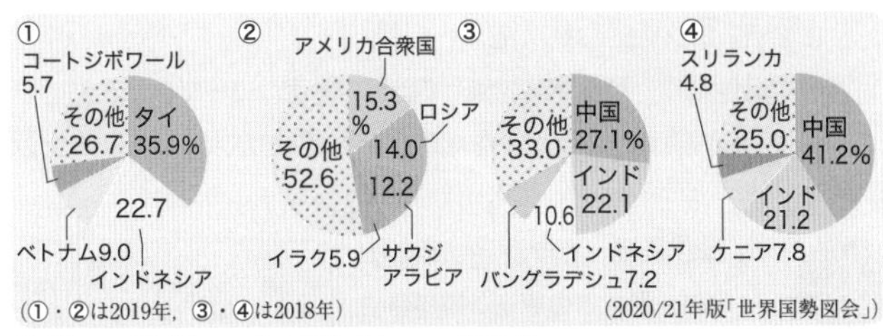

ア 米　　イ 茶　　ウ 天然ゴム　　エ 原油

□ ❾ 東南アジアでは，植民地時代に（　　）という大農場がつくられた。

□ ❿ 石油輸出国機構（OPEC）が結成された目的を簡単に答えよ。

解答

❶ ウ　❷ ヒマラヤ山脈　❸ b インダス川　c 長江（チャンチヤン）

❹ ジュート　❺ 米（稲）　❻ 綿花　❼ 経済特区

❽ ① ウ　② エ　③ ア　④ イ　❾ プランテーション

❿ （例）産油国の利益を守るため。

part 1 地理

3. 世界のさまざまな地域 (2)

月　日

ヨーロッパ州，アフリカ州

図解チェック

① ヨーロッパ州 ★★★

❶ 地形

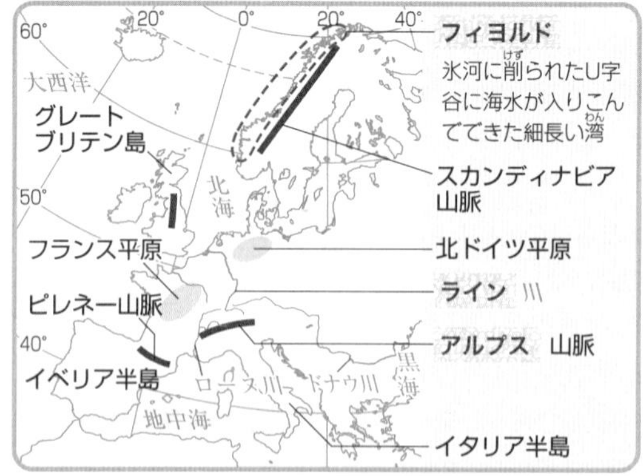

▲ヨーロッパの地形

アルプス山脈は有名だね。

❷ 気候

- 西岸海洋性気候…暖流の**北大西洋海流**と**偏西風**の影響で，高緯度のわりに温暖。ロンドン，パリなど。
- 地中海性気候…夏は高温乾燥，冬は温暖多雨。ローマなど。
- 冷帯(亜寒帯)気候…雨が少なく夏と冬の気温差が大きい。モスクワなど。

❸ 農業

- **混合農業**…西岸海洋性気候の地域。豚などの家畜と飼料作物，小麦の栽培を組み合わせた農業。
- **地中海式農業**…地中海性気候の地域。高温乾燥の夏にオリーブやぶどう，湿潤な冬に小麦を栽培。
- **酪農**…冷涼なデンマークなど。アルプス山脈では**移牧**。
- **園芸農業**…オランダの**ポルダー**(干拓地)など。

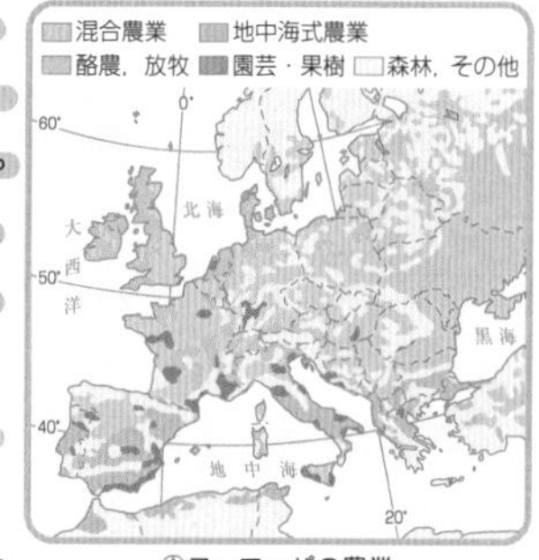

▲ヨーロッパの農業

得点UP!
- ヨーロッパ州の地形・気候・産業やEUの特色を理解する。
- アフリカ州の地形・農業の特色を理解する。

❹ 鉱工業

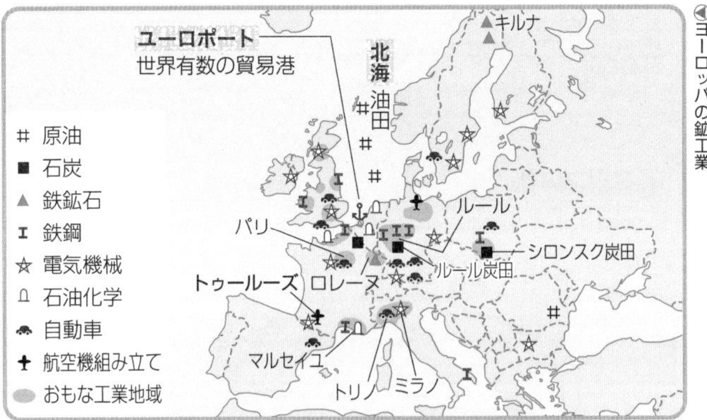

◀ヨーロッパの鉱工業

- **ルール工業地域**…ドイツ。ヨーロッパ最大の工業地域。ルール炭田をもとに発展。**ライン川**(国際河川(かせん))の水運を利用。
- **ユーロポート**…オランダ。世界有数の港。石油化学が発展。
- **トゥールーズ**…フランス。各国製造の航空機部品を組み立てる。

❺ 言語と宗教…ヨーロッパでは**キリスト教**が広く信仰(しんこう)されている。
- **北部**…ゲルマン系の民族が住み，**プロテスタント**信者が多い。
- **南部**…ラテン系の民族が住み，**カトリック**信者が多い。
- **東部**…スラブ系の民族が住み，**正教会**信者が多い。

❻ ヨーロッパ連合(ＥＵ)…1967 年に発足(ほっそく)したヨーロッパ共同体(EC)が 1993 年に **EU** へと発展。加盟国**27か国**(2020 年にイギリスが離脱(りだつ))。
- **本部**…**ブリュッセル**(ベルギーの首都)。
- **共通通貨**…**ユーロ**。デンマークなど導入していない国もある。
- **問題**…EU 加盟国間の経済格差や移民・難民などの問題がある。

❼ 環境(かんきょう)問題…**酸性雨**が多くの国に被害(ひがい)→環境対策が進む。
- **再生可能エネルギー**の利用を推進→デンマークの風力発電など。
- 自動車を郊外(こうがい)に駐車(ちゅうしゃ)させ，公共交通機関に乗り換(か)える**パークアンドライド方式**なども導入されている。
- **持続可能な社会**をめざす→ルーラル・ツーリズムや**エコツーリズム**。

❽ ロシア連邦…**ウラル山脈**を挟んでヨーロッパ州と，アジア州にまたがる。面積は世界一で日本の**約45倍**。国土の中央部に**タイガ**とよばれる広大な針葉樹林が広がる。南西部の**黒土地帯**は小麦の産地。鉱産資源が豊富で，天然ガスなどを**パイプライン**でヨーロッパへ輸出。BRICSの一国。

EU最大の工業国はドイツで，ルール工業地域を中心に発展した。

② アフリカ州 ★

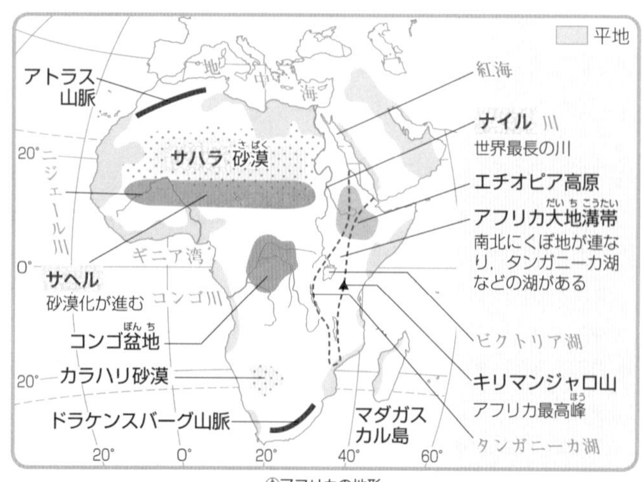

▲アフリカの地形

❶ 地形…高原状の地形。

❷ 気候…赤道付近はおもに熱帯雨林気候で，南北にサバナ気候，ステップ気候，砂漠気候，温暖湿潤気候，地中海性気候などが広がる。

❸ 農業…植民地時代の**プランテーション**での農業。ギニア湾岸の**カカオ豆**やエチオピア高原でのコーヒー豆の栽培，ケニアなどでは茶の栽培。

❹ 鉱工業…ナイジェリアの原油，南アフリカ共和国の金，ザンビアの銅など鉱産資源が豊富。**レアメタル**(希少金属)も多い。

❺ 社会…特定の作物や鉱産資源の輸出に頼る**モノカルチャー経済**の国が多い。南アフリカ共和国は，1990年代初めごろまで**アパルトヘイト**(人種隔離政策)を実施→近年は産業が発展し，**BRICS**の一国に。

入試直前確認テスト

次の問いに答えなさい。また，（　）にあてはまる語句を答えなさい。

□ ❶ 地図中のaの地域で見られる，氷河が削った谷に海水が入りこんでできた湾を何というか。

□ ❷ 地図中のb・cの河川を何というか。また，これらの河川のように，複数の国を流れている河川を何というか。

□ ❸ 地図中のbの河川の流域には，（　　）工業地域が広がる。

□ ❹ 地図中のdの国は，ヨーロッパ最大の農業国の（　　）である。

□ ❺ 地図中のeの山脈は（　　）という。

□ ❻ ヨーロッパで行われている，家畜の飼育と飼料・穀物栽培を組み合わせた農業を何というか。

□ ❼ オランダには，（　　）とよばれる干拓地が広がる。

□ ❽ スペインやイタリアなどのヨーロッパ南部ではラテン系民族が多く，キリスト教の（　　）の信者が多い。

□ ❾ ＥＵの本部はベルギーの首都の（　　）にある。

□ ❿ ロシア連邦に広がる広大な針葉樹林地帯を（　　）という。

□ ⓫ 黒土地帯は（　　）の栽培が盛んである。

□ ⓬ アフリカ大陸には，世界最大の（　　）砂漠が広がる。

□ ⓭ カカオ豆の生産はコートジボワールやガーナなど（　　）湾沿岸国で多い。

□ ⓮ 南アフリカ共和国では，1990年代初めごろまで（　　）とよばれる人種隔離政策が行われていた。

❶ フィヨルド　❷ bライン川　cドナウ川　国際河川
❸ ルール　❹ フランス　❺ アルプス山脈　❻ 混合農業
❼ ポルダー　❽ カトリック　❾ ブリュッセル　❿ タイガ
⓫ 小麦　⓬ サハラ　⓭ ギニア　⓮ アパルトヘイト

月　日

4. 世界のさまざまな地域（3）

北・南アメリカ州，オセアニア州

図解チェック

① 北アメリカ州 ★★★

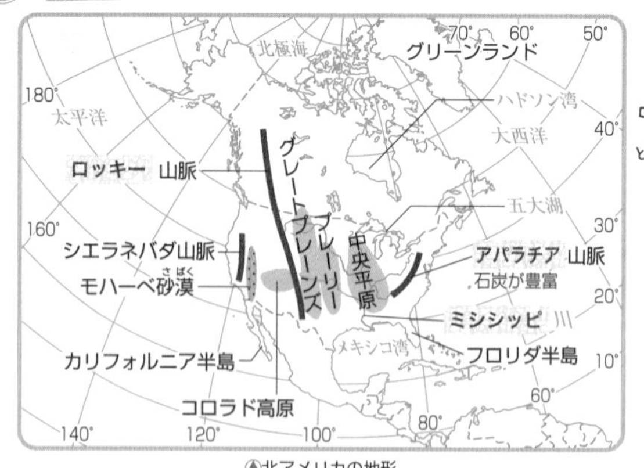

ロッキー山脈はとても長いよ。

Ⓐ北アメリカの地形

❶ 地形…2 つの山脈の間に平原が広がる。

❷ 気候…北緯（ほくい）40 度以北は冷帯（亜（あ）寒帯）や寒帯，太平洋岸の西岸海洋性気候。北緯 40 度以南で，**西経 100 度**の東側は，降水量の多い温暖湿潤（しつじゅん）気候，西側は降水量が少なく，ステップ気候や地中海性気候，メキシコ湾（わん）付近にはサバナ気候などが広がる。

❸ アメリカ合衆国の農業…**適地適作**の**企業（きぎょう）的な農業**で大規模に栽培（さいばい）。「**世界の食料庫**」とよばれる。

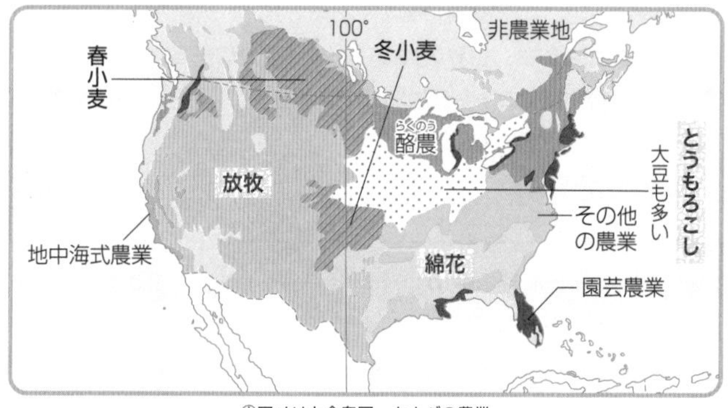

Ⓐアメリカ合衆国・カナダの農業

- アメリカ合衆国の地形・気候・産業の特色を理解する。
- 南アメリカ州とオセアニア州の農業・鉱産資源を知る。

④ アメリカ合衆国の鉱工業

- サンフランシスコ郊外(こうがい)にシリコンバレー。
- 北緯(ほくい)37度付近以南はサンベルト。

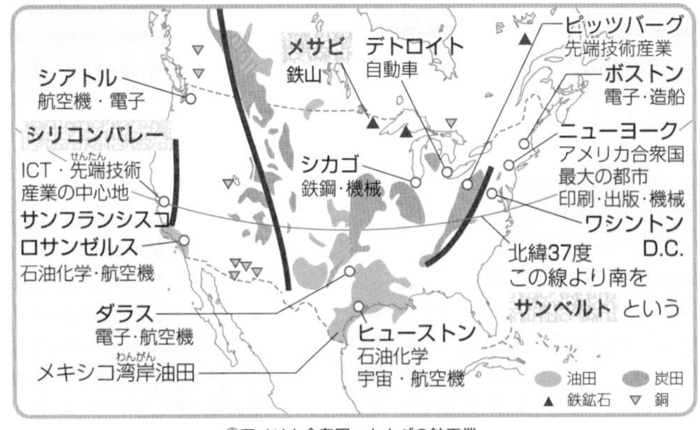

▲アメリカ合衆国・カナダの鉱工業

⑤ アメリカ合衆国の社会…世界に工場などをもつ**多国籍企業**(たこくせききぎょう)が活躍(かつやく)。メキシコなどスペイン語圏(けん)からの移民である**ヒスパニック**の割合が増加。カナダ・メキシコとともに**USMCA(米国・メキシコ・カナダ協定)**を結成。

② 南アメリカ州★

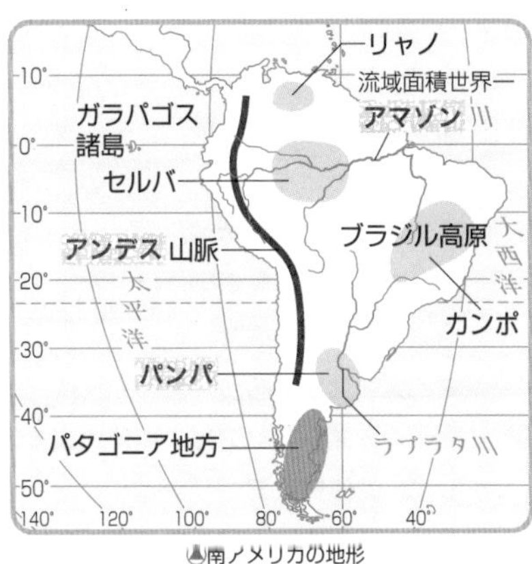

▲南アメリカの地形

❶ 地形…流域面積が世界一である**アマゾン川**が流れる。西部に**アンデス山脈**，東部にはブラジル高原などが広がる。

❷ 気候…赤道付近に熱帯雨林気候やサバナ気候，日本の正反対側のラプラタ川流域は温暖湿潤(しつじゅん)気候，アンデス山脈は**高山気候**など。

❸ 農業…ブラジル高原で**コーヒー豆**を栽培。さとうきびやとうもろこしは，化石燃料にかわる**バイオ燃料**の原料として需要が高まっている。

❹ 鉱工業…ベネズエラの原油，ブラジルの**鉄鉱石**。チリは銅の産出量が世界第 1 位(2015 年)。ブラジルは**BRICS**の一国。

❺ 植民地支配…もともと先住民が生活していたが，16 世紀にスペインやポルトガルが侵略。ヨーロッパ人と先住民の混血である，**メスチソ**とよばれる人々が増える。

❻ 社会…**モノカルチャー経済**の国が多い。ブラジルは**日系人**が多く，近年は日本への出かせぎ労働者が多い。ブラジルは**ポルトガル語**が公用語で，ほかの多くの国は**スペイン語**が公用語。

3 オセアニア州 ★

❶ 地形…オーストラリア大陸，ミクロネシア，ポリネシア，メラネシアからなる。オーストラリア大陸は，東部にグレートディバイディング山脈，その西にグレートアーテジアン(大鑽井)盆地，内陸部に砂漠が広がる。

▲オーストラリアとニュージーランドの農業

❷ オーストラリア

- 気候…北部が熱帯，東部や南部は温帯，内陸は乾燥帯。
- 農業…おもに温帯地域で小麦を栽培，乾燥帯地域で羊や牛を飼育。

▲オセアニアの鉱産資源

- 鉱工業…東部で石炭，西部で鉄鉱石，北部でボーキサイトを産出。

❸ 社会…オーストラリアは人種差別政策の**白豪主義**を撤廃し，**多文化社会**を形成。先住民は**アボリジニ**。ニュージーランドの先住民は**マオリ**。地球温暖化による海水面の上昇で，ツバルなどの島国が水没の危機に直面。

入試直前確認テスト

次の問いに答えなさい。また，（　）にあてはまる語句や数字を答えなさい。

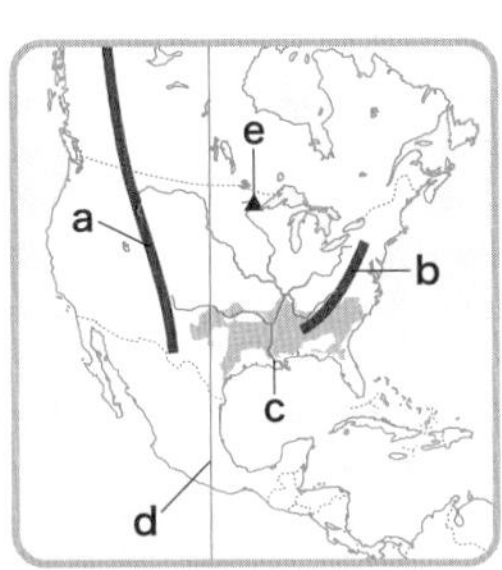

□ ❶ 地図中のaの山脈を何というか。

□ ❷ 地図中のbの山脈で大量に産出される鉱産資源は(　　)である。

□ ❸ 地図中のcの河川(かせん)を何というか。

□ ❹ 地図中のdは，農業に必要な降水量の境界となる西経(　　)度である。

□ ❺ 地図中のeは(　　)鉄山である。

□ ❻ 地図中の▒▒は(　　)の栽培(さいばい)地域である。

□ ❼ アメリカ合衆国最大の都市で，世界の金融(きんゆう)の中心地でもあるのは(　　)である。

□ ❽ 先端(せんたん)技術産業が発展している，アメリカ合衆国の北緯(ほくい)37度以南の地域を何というか。

□ ❾ ヒスパニックとはどのような人々か，簡単に答えよ。

□ ❿ 南アメリカ大陸で赤道は，世界最大の流域面積をもつ(　　)川の河口付近を通る。

□ ⓫ 銅の産出量が多い，南アメリカにある国はどこか。

□ ⓬ 南アメリカの先住民インディオと白人の混血を何というか。

□ ⓭ オセアニア州は，オーストラリア大陸と，ミクロネシア，メラネシア，(　　)からなる。

□ ⓮ オーストラリアの先住民を何というか。

□ ⓯ オーストラリアの東部で多く産出される鉱産資源は何か。

解答

❶ ロッキー山脈　❷ 石炭　❸ ミシシッピ川　❹ 100
❺ メサビ　❻ 綿花　❼ ニューヨーク　❽ サンベルト
❾ (例)メキシコなどのスペイン語圏(けん)からの移民。　❿ アマゾン
⓫ チリ　⓬ メスチソ　⓭ ポリネシア
⓮ アボリジニ　⓯ 石炭

月　日

5. 日本の地域的特色（1） 地域調査，自然環境，人口

図解チェック

① 身近な地域の調査 ★★★

❶ 地形図…**国土交通省**の**国土地理院**が作成。土地のようすや目的地までの道のりだけでなく，新旧の地図を比べることで土地利用の変化を知ることができる。方位記号がなければ上が北。

❷ 縮尺（しゅくしゃく）…地図を作成する際に実際の距離（きょり）を縮めた割合のこと。2万5千分の1や5万分の1など。

❸ 実際の距離の求め方

実際の距離＝地図上の長さ×縮尺の分母

（例）5万分の1の地形図で 2cm の場合，実際の距離は，

2cm × 50000 = 100000cm = 1000m = 1km

（例）2万5千分の1の地形図で，1辺で 4cm の正方形の実際の面積は，

4cm × 25000 = 100000cm = 1km　1km × 1km = $1km^2$

2万5千分の1などの地形図を作成しているのは国土地理院。

❹ 地図記号

土地利用		建物など			
田	Ⅱ	◎	市役所 東京都の区役所	博物館	図書館
畑	∨	○	町村役場 指定都市の区役所	老人ホーム	神社
果樹園	○	Y	消防署	寺院	灯台
茶畑	∴	⊗	警察署	温泉	記念碑（ひ）
竹林		〒	**郵便局**	発電所・変電所	
笹地（ささち）		文	小・中学校	△52.6	三角点
荒地（あれち）			高等学校	▫21.7	水準点
広葉樹林			病院		
針葉樹林					

▲おもな地図記号

Check!

2019年に「自然災害伝承碑」（ ）ができた。

- 地形図上の長さの実際の距離を求められるようにしておこう。
- 各気候区の特色を理解し，雨温図を読み取る。

② 等高線と地形図の読み取り ★★★

❶ 等高線…海面からの高さが同じところを結んだ線。

丸暗記
- 等高線の間隔が**広い**ところ → 傾斜が**ゆるやか**。
- 等高線の間隔が**せまい**ところ → 傾斜が**急**。

❷ 谷と尾根…**谷**は山ろくから山頂に向かって等高線が**高い**ほうへくいこみ，**尾根**は山頂から山ろくに向かって等高線が**低い**ほうへ張り出す。

線の種類＼縮尺		2万5千分の1	5万分の1
計曲線		50mごと	100mごと
主曲線		10m	20m
補助曲線		5m, 2.5m	10m
		―	5m

▲等高線の種類と間隔

▲傾斜と谷・尾根

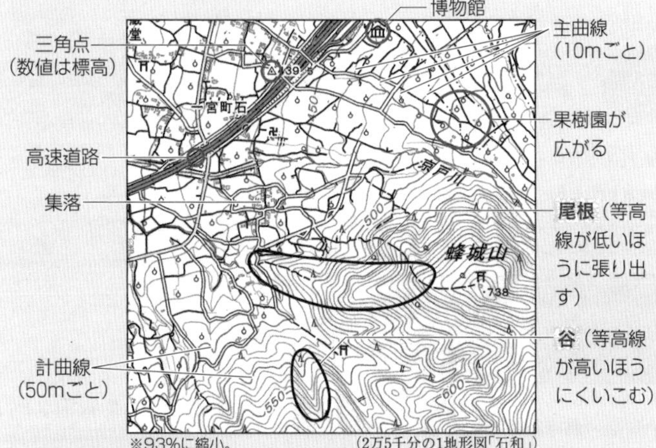

※93%に縮小。　（2万5千分の1地形図「石和」）

- 計曲線や主曲線の数値から，その地形図の縮尺を読み取ることができる。この地形図は，扇状地を表した2万5千分の1の地形図とわかる。
- 等高線の間隔から傾斜のようすが，地図記号から土地利用のようすがわかる。

▲地形図の読み取り

③ 世界と日本の地形★★

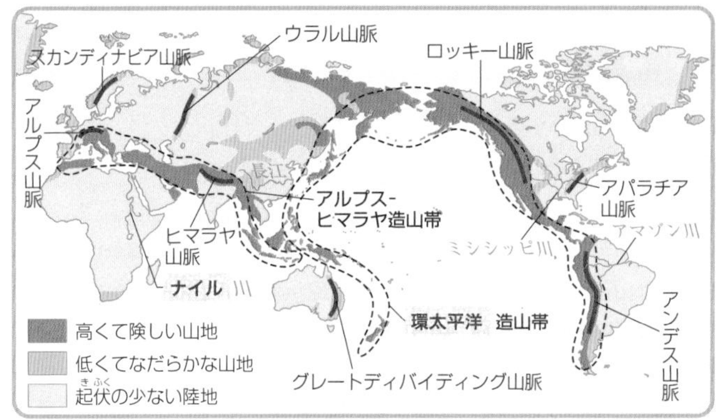

Ⓐ世界の地形と造山帯

❶ 日本の地形

- 新期造山帯である**環太平洋造山帯**に属し，火山や地震が多い。
- 大陸の河川と比べると**短く流れが急**で，流域面積がせまい。

❷ 日本の平地(平野・盆地)…河川が土砂を積もらせ形成。

- 最上川…庄内平野
- 信濃川(最長)…越後平野
- 利根川(流域面積が最大)…関東平野
- 木曽川・長良川・揖斐川…濃尾平野
- 特色ある地形…三角州や扇状地など。

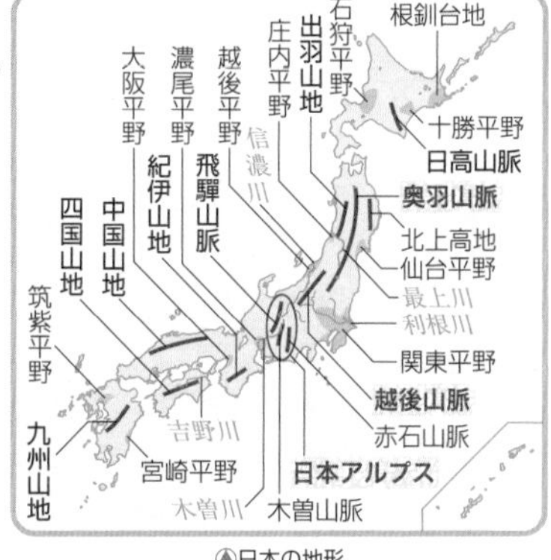

Ⓐ日本の地形

Ⓐ三角州

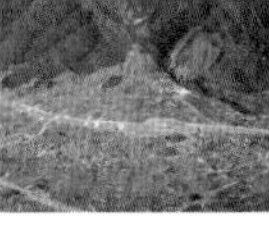
Ⓐ扇状地

Check!
- 三角州→河口付近。水田など。
- 扇状地→山のふもと。果樹園など。

❸ 海岸…海岸線は複雑で長い。

- **リアス**海岸…複雑に入り組んだ海岸。三陸海岸，志摩半島など。
- 砂浜海岸…風で運ばれた砂が積もってできた砂丘が発達。鳥取砂丘など。
- 岩石海岸…岩の多い切り立った崖が続く海岸。知床半島など。

❹ 日本の周りの海

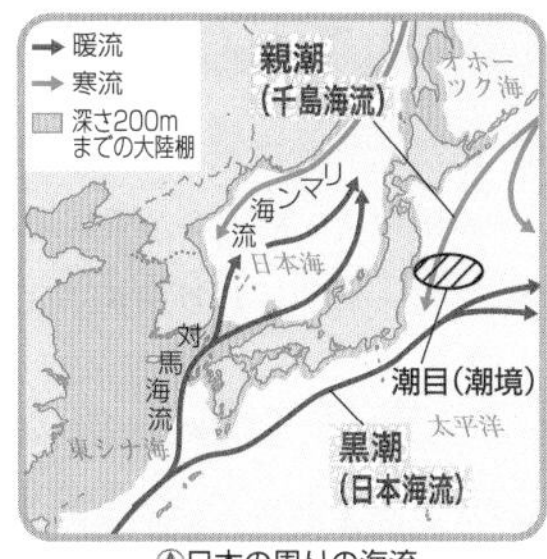

△日本の周りの海流

- 海…日本列島は**オホーツク海**，**日本海**，**東シナ海**，**太平洋**に囲まれている。
- 海流…おもに太平洋沖には暖流の**黒潮(日本海流)**と寒流の**親潮(千島海流)**，日本海沖には暖流の**対馬海流**と寒流の**リマン海流**が流れる。

Check!
- 潮目(潮境)→寒流と暖流がぶつかるところ。好漁場。

- **大陸棚**…水深 200m ぐらいまでの浅くて平らな地形。

4 日本の気候 ★★★

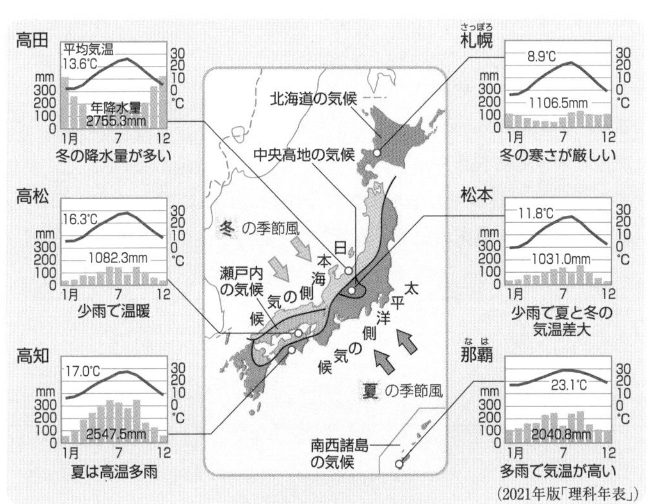

△日本の気候と雨温図

大部分は**温帯**に属し，四季の変化がはっきりしている。日本列島は南北に長いため，北と南では平均気温が大きく異なる。6～7月に**梅雨**，おもに夏から秋に**台風**→**温暖湿潤気候**。海流と**季節風(モンスーン)**の影響。北海道は冷帯(亜寒帯)，南西諸島は亜熱帯。

Check!
- 夏→南東の季節風。
- 冬→北西の季節風。

⑤ 日本の自然災害と防災 ★

❶ 自然災害…**地震**が多い→**津波**→リアス海岸で被害が深刻。

●風水害…梅雨や台風による洪水や土石流。　●冷害…東北の太平洋側

❷ 防災・減災…**ハザードマップ(防災マップ)**。自助・共助・公助。

⑥ 世界と日本の人口 ★★★

❶ 世界の人口

●約78億人(2020年)

●アジア，アフリカに集中

●**人口爆発**

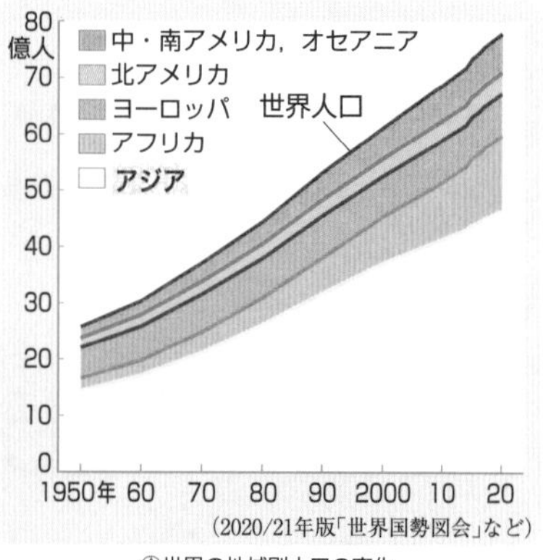

▲世界の地域別人口の変化

❷ 人口ピラミッド…経済発展とともに**富士山型**→**つりがね型**→**つぼ型**に変化。

❸ 日本の人口…**少子高齢化**が進み，人口は減少。**過密**(東京・大阪・名古屋を中心とする**三大都市圏**や**地方中枢都市**に集中)と**過疎**(65歳以上の人口が過半数を占める**限界集落**の出現→**町おこし・村おこし**の取り組み)の問題。

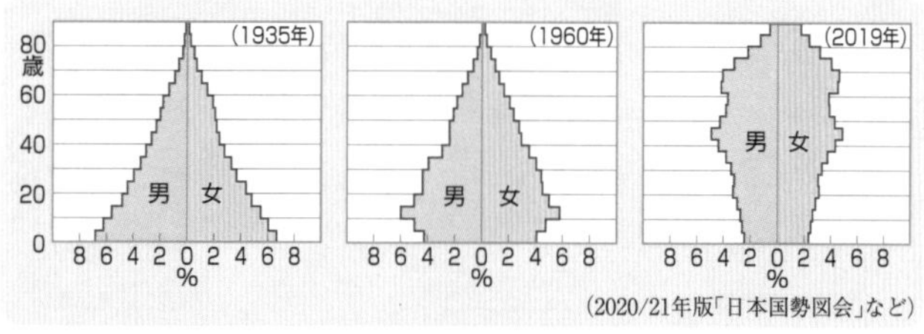

▲日本の人口ピラミッドの変化

入試で注意

Q 日本の人口が減っているにもかかわらず，沖縄県では人口が増加している理由を述べよ。

↓

A (例)沖縄県は出生率が高いから。

入試直前確認テスト

次の問いに答えなさい。また，（　）にあてはまる語句を答えなさい。

□ ❶ 地形図を作成しているのは，国土交通省に属する何という機関か。

□ ❷ ２万５千分の１の地形図では，地図上の長さが４cm のとき，実際の距離は何 km か。

□ ❸ 南アメリカ大陸を流れる，流域面積が世界一広い河川は何か。

□ ❹ 日本列島が属する造山帯は何か。

□ ❺「日本アルプス」は，飛驒山脈・（　　）山脈・赤石山脈の総称である。

□ ❻ 日本の河川の特徴を，簡単に答えよ。

□ ❼ 右の地形図に見られる，河川が形成した地形を何というか。

（2万5千分の1地形図「石和」）

□ ❽ 最上川の河口に広がる平野を何というか。

□ ❾ 信濃川の河口に広がる平野を何というか。

□ ❿ 三陸海岸などに見られる複雑な海岸地形を何というか。

□ ⓫ 日本海を北上する暖流は何か。

□ ⓬ 夏の季節風はどの方角から吹くか。

□ ⓭ 日本を６つの気候区分に分けたとき，右の雨温図は（　　）の気候に属している。

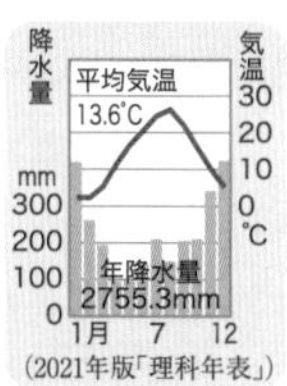

（2021年版「理科年表」）

□ ⓮ 災害の被害地域を予測し，避難場所や避難経路を表した地図をカタカナで何というか。

□ ⓯ 日本は（　　）化が急速に進み，人口が減少している。

□ ⓰ 人口が減少し，地域社会の運営が困難になる現象を何というか。

解答

❶ 国土地理院　❷ 1km　❸ アマゾン川　❹ 環太平洋造山帯
❺ 木曽　❻（例）長さが短く，流れが急である。　❼ 扇状地
❽ 庄内平野　❾ 越後平野　❿ リアス海岸　⓫ 対馬海流
⓬ 南東　⓭ 日本海側　⓮ ハザードマップ　⓯ 少子高齢
⓰ 過疎

月　日

6．日本の地域的特色（2） 資源，産業，交通・通信など

図解チェック

① 世界と日本の資源・エネルギー ★★

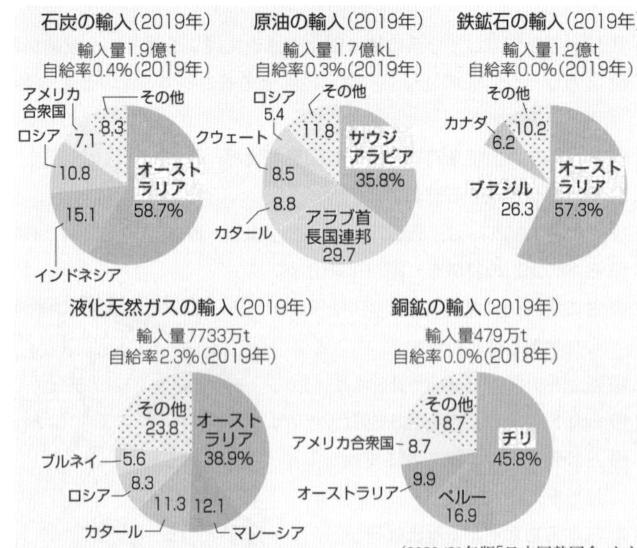

▲日本のおもな資源の輸入相手国

❶ 世界の資源…原油は**西アジア**諸国（ペルシア湾岸(わんがん)）に集中。原油以外の資源も埋蔵(まいぞう)量は地域による偏(かたよ)りが大きい。

❷ 日本の資源…資源が少なく**輸入に依存(いそん)**。

❸ 日本のエネルギー…**火力発電中心**。東日本大震災(だいしんさい)以降，原子力発電の見直し。**再生可能エネルギー**の活用を推進。

❹ 発電所の分布

- 水力…山間部（ダムが必要）
- 火力…沿岸部（資源の輸入）
- 原子力…福島県・福井県などの沿岸部（2020 年現在はほとんど稼働(かどう)していない。）

	水力	火力	原子力	地熱・新エネルギー
アメリカ合衆国	7.6%	64.6	19.6	8.1
日本	8.9%	85.5	3.1	2.4
フランス	9.8%	13.0	70.9	6.1
ブラジル	62.9%	27.0	2.7	7.3

※合計が100%になるように調整していない。
(2017年)　(2020/21年版「世界国勢図会」)

▲おもな国の発電量割合

- おもな資源の輸入相手国を把握(はあく)しておく。
- 各工業地帯・地域の工業出荷(しゅっか)額を表すグラフの判別。

② 日本の産業 ★★★

❶ 農業…土地が狭(せま)いため，集約的。就業人口減少・高齢(こうれい)化。米の減反(げんたん)政策(2018年度に廃止(はいし))，農作物の輸入自由化→**食料自給率**約37%(2018年)。

- 米…新潟県・北海道が上位。東北地方で生産量の4分の1(2019年)。
- 野菜…近郊(きんこう)農業(都市部周辺)，促成栽培(そくせいさいばい)(高知県・宮崎県など)，抑制(よくせい)栽培(群馬県・長野県など)。
- 畜産(ちくさん)…北海道・鹿児島県・宮崎県が中心。

Check!
- 促成栽培→出荷時期を早める。
- 抑制栽培→出荷時期を遅(おく)らせる。

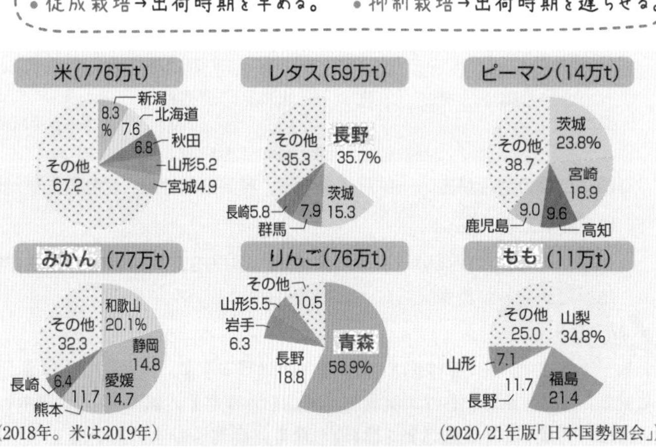

△おもな農産物の都道府県別生産割合

❷ 漁業…潮目(潮境)ができる三陸(さんりく)沖などが好漁場。各国の**排他的経済水域**(はいた)の設定により遠洋漁業衰退(すいたい)，沖合(おきあい)・沿岸漁業も漁獲量(ぎょかく)減少→輸入額世界第2位(2017年)。「とる漁業」から「育てる漁業」(**養殖業**(ようしょく)・**栽培漁業**)へ。

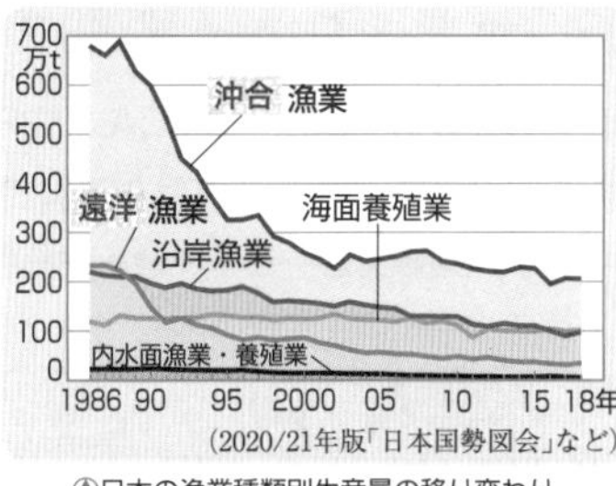

△日本の漁業種類別生産量の移り変わり

❸ 工業…**太平洋ベルト**に集中。戦前は**繊維工業**→戦後は金属・石油化学工業→石油危機以降は**自動車**・**IC(集積回路)**が中心。現在は，人件費が安い中国や東南アジアなどで現地生産するようになると，国内で閉鎖される工場が増え，国内産業が衰える(**産業の空洞化**)。

		金属	機械	化学	食料品	繊維	その他	(出荷額)
3大工業地帯	京浜	10.1%	45.5	15.9	12.4	0.5	15.6	39.7兆円
	中京	9.4%	69.4	6.2	4.7	0.8	9.5	57.8兆円
	阪神	20.7%	36.9	17.0	11.0	1.3	13.1	33.1兆円
その他の工業地域	北関東	13.9%	45.0	9.9	15.5	0.6	15.1	30.7兆円
	京葉	21.5%	13.1	39.9	15.8	0.2	9.5	12.2兆円
	東海	7.8%	51.7	11.0	13.7	0.7	15.1	16.9兆円
	瀬戸内	18.6%	35.2	21.9	8.1	2.1	14.1	30.7兆円
	北九州	16.3%	46.6	5.6	16.9	0.5	14.1	9.8兆円

←重化学工業→ ←軽工業→

(2017年) (2020/21年版「日本国勢図会」)

▲おもな工業地帯・地域の工業出荷額

- **機械工業の割合が高い**→**中京工業地帯**，東海工業地域，北関東工業地域は**自動車工業**が盛ん。
- **化学工業の割合が高い**→京葉工業地域，瀬戸内工業地域には**石油化学コンビナート**が集中。

Check!

- 第一次産業→自然に直接働きかけ，動植物を得る産業。農業・漁業・林業。
- 第二次産業→資源を使って工業原料や製品をつくる産業。鉱工業・建設業など。
- 第三次産業→直接生産活動を行わない産業。商業やサービス業など。

3 世界と日本の貿易 ★

❶ 世界の貿易…EU，USMCA，TPP など地域間で連携。

❷ 日本の貿易形態…かつては**加工貿易**→現在は工業製品の現地生産や逆輸入。

- **成田国際空港**…日本で最も貿易額が多い(2019 年)。

知っておきたい 日本の貿易は輸出入額ともにアジアとアメリカ合衆国で約7割(2019年)。最大の貿易相手国は中国(2019年)。

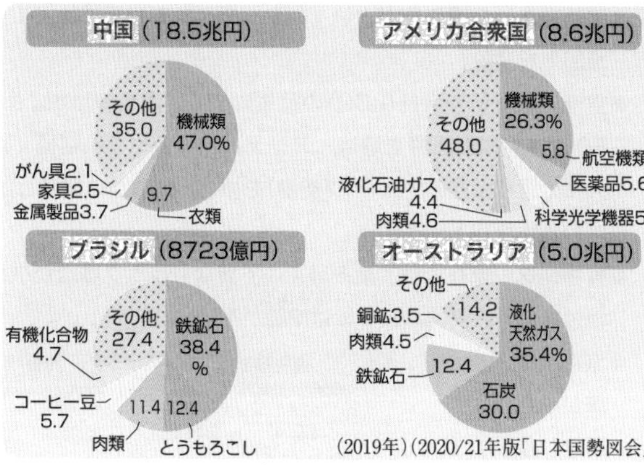

▲日本の国別輸入品

ウジアラビアからは原油を多く輸入しているよ。

④ 日本の交通・通信 ★★

❶ 交通による世界との結びつき

- **航空輸送**は，IC(集積回路)などの電子部品や，鮮度(せんど)が大切な魚介類(ぎょかい)や生花など，**小型で軽く高価なもの**が適している→**輸送時間は早い**が，大量には運べず，**輸送費は高い。**
- **海上輸送**は，重量や容量の大きい原油や石炭などの鉱産資源，自動車などの工業製品が適している→輸送時間はかかるが，**大量に安価で運ぶことができる。**

Check!
- タンカー→原油や天然ガスを専門に輸送。
- コンテナ船→金属製の大型容器(コンテナ)で貨物を輸送。

❷ 日本の交通…高速交通網(もう)の発達により，目的地までの**時間距離**(きょり)が短縮。

- 新幹線…1964年の開通以降，全国で整備が進む。

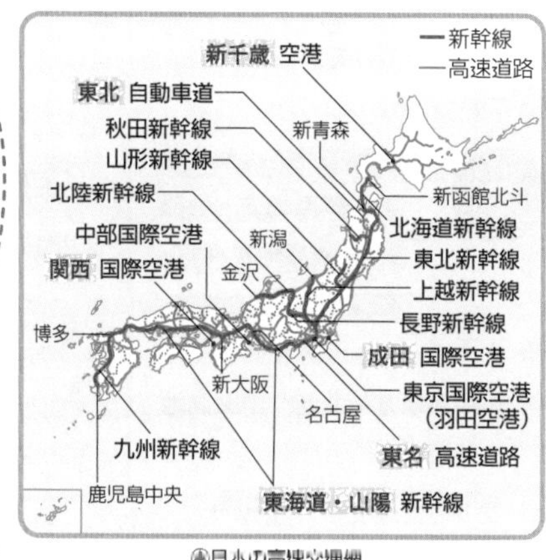

▲日本の高速交通網

- **高速道路**…交通の便がよいインターチェンジ付近には，工業団地や流通団地を建設。
- **空港**…格安航空会社(LCC)の誕生による利用者の増加。東京国際(羽田)空港や成田国際空港は，アジアと世界各地を航空機で行き来する人々の乗り継ぎの拠点(**ハブ空港**)をめざし，ほかの空港と競っている。

❸ 日本の貨物輸送と旅客輸送

- **貨物輸送**…現在では，積み替えの不要なトラック輸送が中心。鉄道の地位は低下。島国の日本には船舶が不可欠。
- **旅客輸送**…自動車が中心。通勤・通学に便利な鉄道が自動車に次ぐ。近年は航空機による輸送が増加。

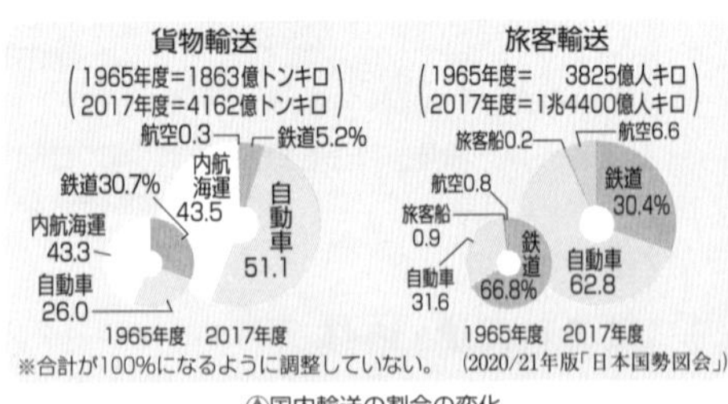

Ⓐ国内輸送の割合の変化

❹ 通信…情報通信技術(ICT)の進歩により**高度情報社会**へ。プライバシーや**情報格差(デジタルデバイド)**の問題。**メディアリテラシー**の必要性が高まる。

5 日本の地域区分 ★

❶ 東日本と西日本…本州の中央部を縦断する**フォッサマグナ**によって分ける。

❷ 7地方区分

- **北海道地方，東北地方，関東地方，中部地方，近畿地方，中国・四国地方，九州地方。**

❸ さまざまな地域区分

- **中部地方**…北陸，中央高地，東海。
- **中国地方**…山陰，山陽。
- **中国・四国地方**…山陰，瀬戸内，南四国。

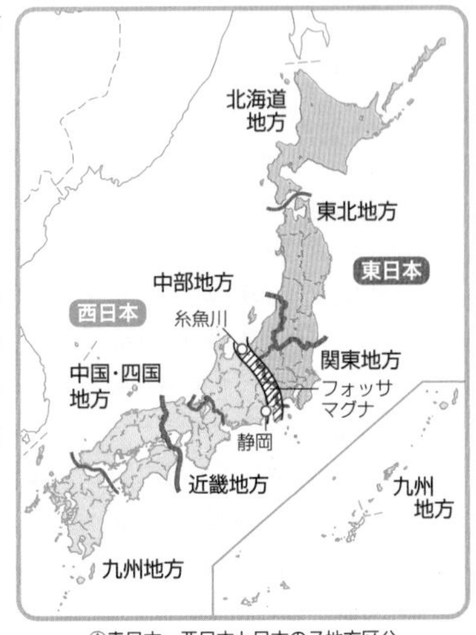

Ⓐ東日本・西日本と日本の7地方区分

入試直前確認テスト

次の問いに答えなさい。また，（　）にあてはまる語句を答えなさい。

- □ ❶ 原油の生産は西アジアの（　　）湾岸(わんがん)の国で多い。
- □ ❷ 鉄鉱石(2019年)，石炭(2019年)ともに日本の最大の輸入相手国はどこか。
- □ ❸ 日本は（　　）発電中心の国である。
- □ ❹ フランスは（　　）発電の割合が大きい。
- □ ❺ 風力・太陽光・地熱など，繰(く)り返し使用可能なエネルギー資源の総称(そうしょう)は何か。
- □ ❻ 米の生産量をおさえるために政府がとった政策を何というか。
- □ ❼ 千葉県や茨城県などで盛(さか)んな大都市の近くで行われる農業を何というか。
- □ ❽ 高知県や宮崎県などで行われている，促成栽培(そくせいさいばい)とはどのような栽培方法か，簡単に答えよ。
- □ ❾ 右のグラフは，ある農作物の県別生産割合を表している。この農作物は何か。

(2018年)
(2020/21年版「日本国勢図会」)

- □ ❿ 稚魚(ちぎょ)まで育てて放流し，成長してからとる漁法を何というか。
- □ ⓫ 工業地帯・地域が集中する関東から北九州の地域を何というか。
- □ ⓬ 工業出荷(しゅっか)額が最も多いのは（　　）工業地帯である。
- □ ⓭ 右のグラフは，日本がある国から輸入している品目割合を表している。どこの国か。

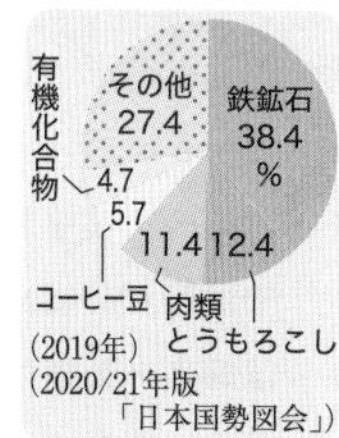

(2019年)
(2020/21年版「日本国勢図会」)

- □ ⓮ 日本国内で旅客(りょかく)・貨物ともに輸送量が最も多い交通機関は何か。
- □ ⓯ 2015年に（　　）新幹線が開通し，東京ー金沢間が新幹線で結ばれた。

❶ ペルシア　❷ オーストラリア　❸ 火力　❹ 原子力
❺ 再生可能エネルギー　❻ 減反(げんたん)政策　❼ 近郊(きんこう)農業
❽ (例)出荷時期を早める栽培方法。　❾ みかん　❿ 栽培漁業
⓫ 太平洋ベルト　⓬ 中京　⓭ ブラジル　⓮ 自動車　⓯ 北陸

月　日

7. 日本の諸地域（1）九州，中国・四国，近畿

図解チェック

1 九州地方 ★★★

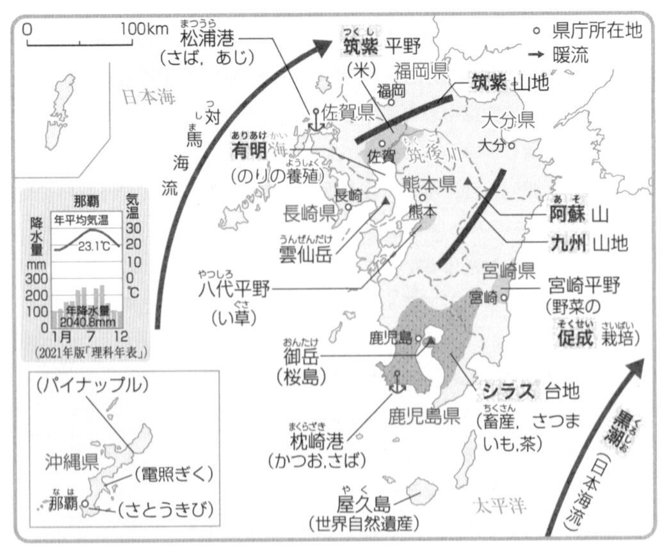

▲九州地方の自然・農業・漁業

❶ 位置と地形…大陸への玄関口として発展（福岡市や長崎市）。活動中の火山が多い（雲仙岳・阿蘇山・桜島など）。

❷ 農業…**筑紫平野**では**稲作**，**宮崎平野**では野菜の**促成栽培**，**シラス台地**では畑作・**畜産**が盛ん。

ピーマン 14.0万t（2018年）	茨城 23.8%	宮崎 18.9	高知 9.6	鹿児島 9.0	その他 38.7	
豚 916万頭（2019年）	鹿児島 13.9%	宮崎 9.1	北海道 7.6	群馬 6.9	千葉 6.6	その他 55.9

（2020/21年版「日本国勢図会」）

▲ピーマンの生産・豚の飼育頭数

❸ 工業…官営の**八幡製鉄所**から北九州工業地域に発達。**水俣病**（熊本県・有機水銀が原因）。**IC（集積回路）工業**（シリコンアイランド）。自動車関連工場が進出し，機械工業中心へ。

❹ 沖縄県…かつて琉球王国とよばれた。南西諸島の気候。日本にあるアメリカ軍基地の約７割が集中。第三次産業（観光・サービス業）が盛ん。

知っておきたい　阿蘇山には，火山の噴火によって溶岩や火山灰などが大量に噴出してできたくぼんだ地形であるカルデラが見られる。

- 各地域の気候・地形と農業を関連させて理解する。
- 地図で工業都市の位置と盛んな工業の種類を整理する。

② 中国・四国地方 ★★

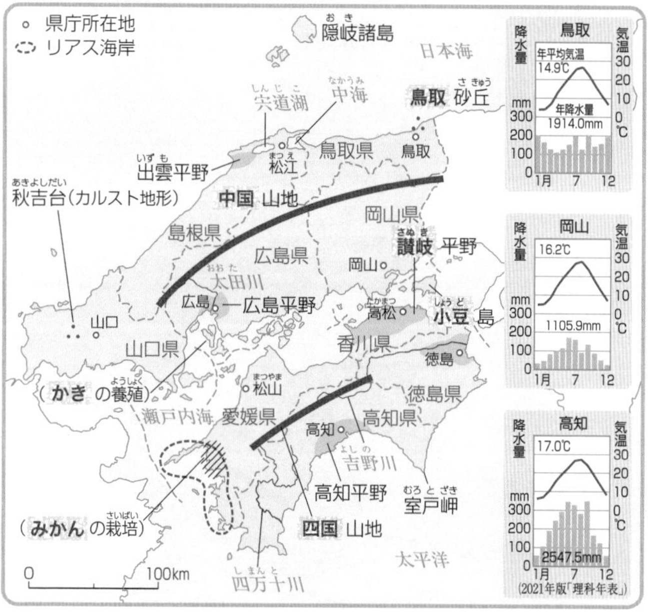

△中国・四国地方の自然・農業・漁業

❶ 農業とくふう…岡山平野→もも・ぶどう，愛媛県→みかん，讃岐平野→**ため池**，**香川用水**(干害対策)，**高知平野**→野菜の**促成栽培**。

❷ 漁業…広島湾→かき，宍道湖→しじみ，宇和海→真珠・はまち。

❸ 工業…瀬戸内工業地域の発展。

- **岡山県**…石油化学(倉敷市)・鉄鋼・自動車。
- **広島県**…鉄鋼・造船・自動車。
- **山口県**…石油化学など。

❹ くらし…南四国と山陰地方では**過疎化**が進む(町おこし・村おこしを行う)。

知っておきたい 中国・四国地方は日本海側・瀬戸内・太平洋側の気候に分類できる。

❺ 交通…**本州四国連絡橋**が建設され，人や物のつながりが深まる。
- 児島・坂出ルート（瀬戸大橋）
- 神戸・鳴門ルート（明石海峡大橋・大鳴門橋）
- 尾道・今治ルート（瀬戸内しまなみ海道）

▲本州四国連絡橋のルート

❸ 近畿地方 ★★

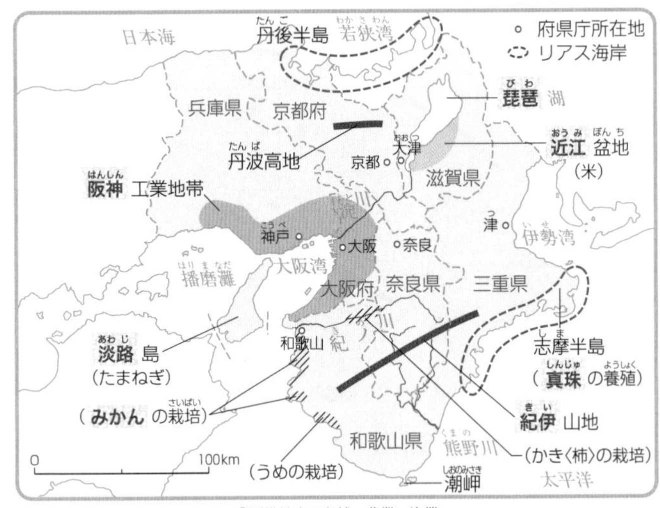

▲近畿地方の自然・農業・漁業

❶ おもな都市…大阪市→**「天下の台所」**，現在は商業都市。神戸市→貿易都市。京都市・奈良市→かつて都が置かれた，世界文化遺産が多い歴史都市。

❷ 産業…淡路島→**近郊農業**，和歌山県→果樹栽培，志摩半島→真珠の養殖。**阪神工業地帯**→内陸部に**中小工場**，沿岸部に大工場。繊維工業から発展。かつて三重県の四日市市では**四日市ぜんそく**（大気汚染が原因）が発生。

入試で注意

Q 大阪のベッドタウンである奈良の人口にはどのような特徴が見られるか述べよ。

↓

A （例）昼間人口が夜間人口よりも少ない。

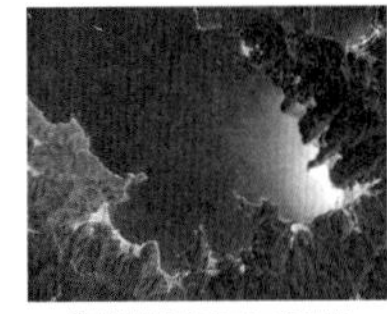
▲若狭湾（リアス海岸）

入試直前確認テスト

次の問いに答えなさい。また，(　)にあてはまる語句を答えなさい。

- □ ❶ かつて琉球王国という独立国であった県はどこか。
- □ ❷ 九州地方の地方中枢都市はどこか。
- □ ❸ 阿蘇山は世界最大級の(　　)をもつ火山である。
- □ ❹ 畜産や畑作が盛んな九州南部に広がる火山灰土の台地を何というか。
- □ ❺ 北九州工業地域の発展を支えた官営の工場を何というか。
- □ ❻ IC(集積回路)工場が多いことから九州地方は(　　)とよばれる。
- □ ❼ 山陰・瀬戸内・南四国のうち，冬の降水量が最も多いのはどの地域か。
- □ ❽ 高知平野や宮崎平野で盛んな野菜の早作りを何というか。
- □ ❾ 石油化学コンビナートを有する岡山県最大の工業都市はどこか。
- □ ❿ 右の地図中のA～Cの本州四国連絡橋のうち，Bのルートを何というか。

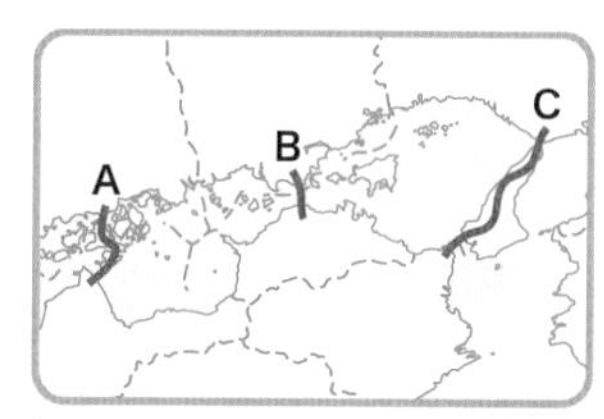

- □ ⓫ 若狭湾や志摩半島は海岸線の出入りが複雑な(　　)海岸として有名である。
- □ ⓬ 日本最大の湖を何というか。
- □ ⓭ 右の地図中のXの島とYの山地は何か。
- □ ⓮ 大阪は江戸時代に(　　)とよばれ，西日本の経済の中心都市として発展した。
- □ ⓯ 三重県では，四大公害病の1つである(　　)が発生した。

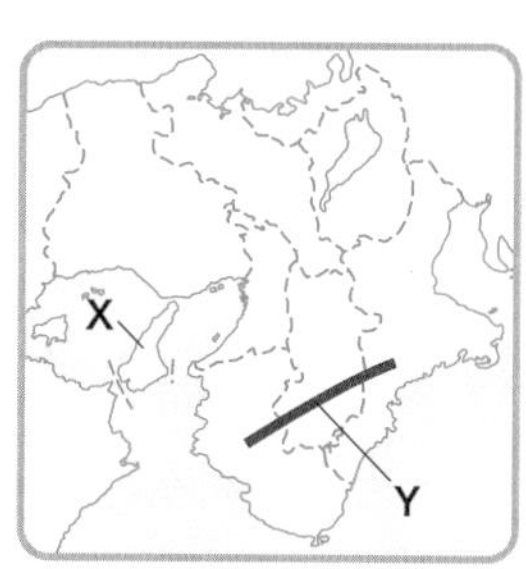

❶ 沖縄県　❷ 福岡市　❸ カルデラ　❹ シラス(台地)
❺ 八幡製鉄所　❻ シリコンアイランド　❼ 山陰
❽ 促成栽培　❾ 倉敷市　❿ 児島・坂出ルート　⓫ リアス
⓬ 琵琶湖　⓭ X 淡路島　Y 紀伊山地　⓮ 天下の台所
⓯ 四日市ぜんそく

月　日

8. 日本の諸地域（2）中部，関東

図解チェック

① 中部地方の地形 ★★

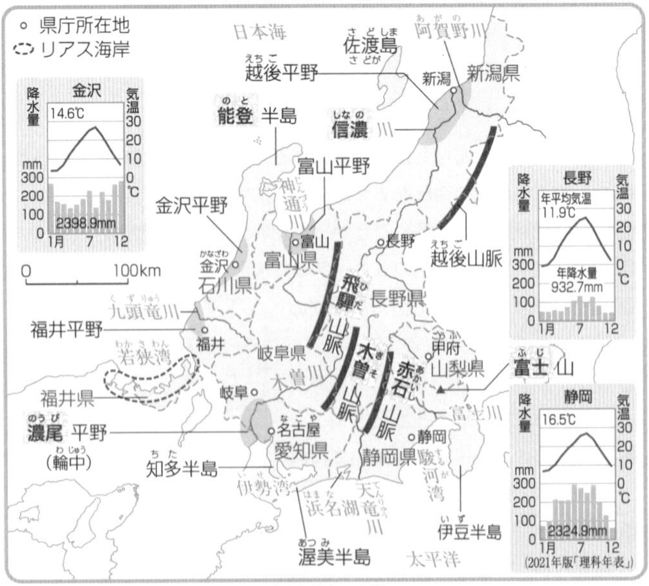

○ 県庁所在地
リアス海岸

日本海
佐渡島(さどがしま)
阿賀野川(あがのがわ)
越後平野(えちごへいや)
新潟
新潟県
能登(のと)半島
信濃(しなの)川
富山平野
神通川(じんづうがわ)
金沢平野
富山
長野
越後(えちご)山脈
金沢(かなざわ)
富山県
石川県
飛驒(ひだ)山脈
長野県
九頭竜川(くずりゅうがわ)
福井平野
福井
岐阜県
甲府(こうふ)
若狭湾(わかさわん)
木曽(きそ)山脈
赤石(あかいし)山脈
山梨県
富士(ふじ)山
木曽川
福井県
岐阜
富士川
濃尾(のうび)平野（輪中(わじゅう)）
名古屋(なごや)
愛知県
静岡
知多(ちた)半島
静岡県
駿河湾(するがわん)
伊勢湾(いせわん)
浜名湖(はまなこ)
天竜川(てんりゅうがわ)
伊豆(いず)半島
渥美(あつみ)半島
太平洋

0　100km

金沢：年平均気温 14.6℃，年降水量 2398.9mm
長野：年平均気温 11.9℃，年降水量 932.7mm
静岡：年平均気温 16.5℃，年降水量 2324.9mm
（降水量 mm 0～300，気温 ℃ 0～30，1月 7 12）
（2021年版「理科年表」）

▲中部地方の自然

知っておきたい　飛驒山脈・木曽山脈・赤石山脈をまとめて「日本アルプス（日本の屋根）」とよぶ。

② 中部地方の気候とくらし ★★★

❶ 北陸…日本海側の気候→豪雪(ごうせつ)地帯，**水田単作**地帯，**地場産業**。

❷ 中央高地…中央高地の気候→果樹栽培(さいばい)，野菜の**抑制**(よくせい)**栽培**。

❸ 東海…太平洋側の気候→夏の降水量が多い，濃尾平野の**輪中**。

Check!
- 知多半島→愛知用水
- 岡崎(おかざき)平野→明治(めいじ)用水
- 渥美半島→豊川(とよがわ)用水

▲水屋（輪中で見られる，水害時の避難(ひなん)用家屋）

- 地域ごとの特色ある農業のくふうを気候とからめて理解する。
- 首都圏(けん)の人口とその周辺都市の人口の特色を理解する。

3 中部地方の産業 ★★★

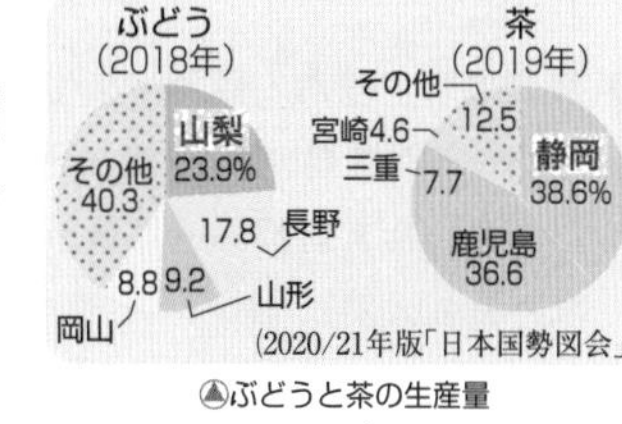

▲ぶどうと茶の生産量

❶ 農業…越後(えちご)平野→**水田単作**，野辺山(のべやま)原(はら)→野菜の**抑制栽培**(よくせいさいばい)，**甲府盆地**(こうふぼんち)→ももとぶどう，牧ノ原(まきのはら)→**茶**。

❷ 漁業…焼津港(やいづ)→かつお・まぐろ，**浜名湖**(はまな)→うなぎの養殖(ようしょく)。

❸ 工業…**中京工業地帯**(工業出荷(しゅっか)額日本一〈2017 年〉)と**東海工業地域**。

- 豊田(とよた)市…自動車
- 東海市…鉄鋼
- 瀬戸(せと)市…よう業
- 浜松(はままつ)市…オートバイ・楽器
- 富士(ふじ)市・富士宮(ふじのみや)市…製紙・パルプ

知っておきたい 長野県の諏訪(すわ)市や岡谷(おかや)市では電気機械工業が盛(さか)ん。

4 関東地方の地形 ★

関東平野は日本で最も広い平野だよ。

越後(えちご)山脈
からっ風
(冬の北西季節風)
阿武隈(あぶくま)高地
栃木県
宇都宮(うつのみや)
水戸(みと)
鹿島灘(かしまなだ)
前橋(まえばし)
群馬県
霞ケ浦(かすみがうら)
北浦(きたうら)
茨城県
埼玉県
さいたま
利根(とね)川
関東山地
東京都
東京
千葉
東京湾
千葉県
九十九里浜(くじゅうくりはま)
横浜(よこはま)
神奈川県
三浦(みうら)半島
相模湾(さがみわん)
房総(ぼうそう)半島
犬吠埼(いぬぼうさき)
太平洋
大島(おおしま)
0 100km
伊豆(いず)諸島
東京都
小笠原(おがさわら)諸島(世界自然遺産)
0 300km
○ 都県庁所在地
関東ロームが広がる関東平野

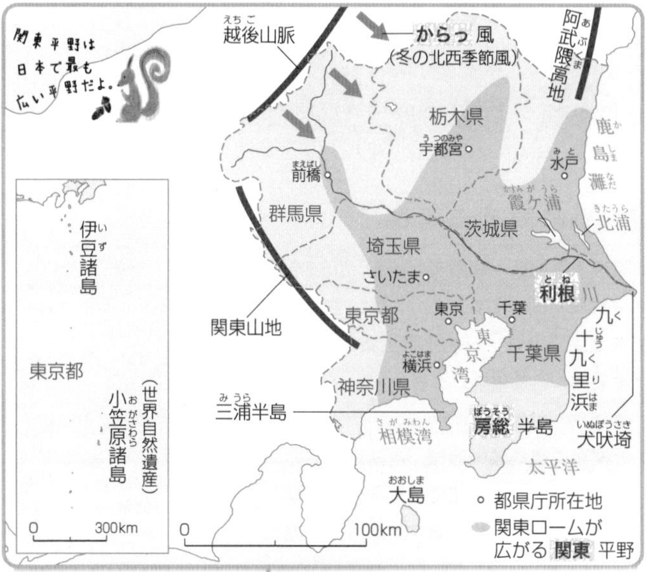

▲関東地方の自然

⑤ 関東地方の特色 ★★

❶ **東京大都市圏**…日本の人口の約４分の１が集中。

❷ **首都東京**…政治・経済・文化・交通の中心→首都機能の移転(筑波研究学園都市・さいたま新都心・幕張新都心・みなとみらい 21)。

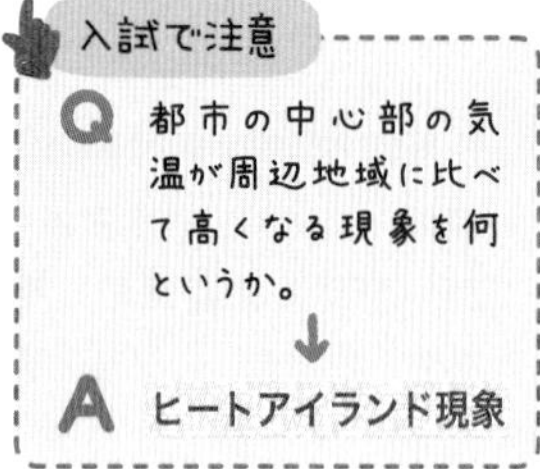

❸ **都心**…人口集中(**過密**・都市問題)→**ニュータウン**の建設，臨海部の再開発。**昼間人口が夜間人口より多い。**

❹ **成田国際空港**…日本で最も貿易額が多く(2019 年)，世界と日本を結ぶ空の玄関となっている。

⑥ 関東地方の農業・漁業 ★

❶ **農業**…**近郊農業**，**浅間山**山ろくの嬬恋村(群馬県)で**抑制栽培**，利根川の下流は**水郷地帯**で稲作。

❷ **漁業**…銚子港(千葉県)。

知っておきたい　千葉県はらっかせい(2019 年)，群馬県はこんにゃくいも(2018 年)の生産が日本一。

⑦ 関東地方の工業 ★★

❶ **京浜工業地帯**…**印刷業**が盛ん。川崎市→鉄鋼・石油化学。

❷ **京葉工業地域**…石油化学工業が盛ん。**市原市**→石油化学コンビナート，千葉・**君津市**→鉄鋼。

❸ **北関東工業地域**…機械，自動車部品の生産が盛ん。**工業団地**を形成。製品は高速道路を利用し，東京湾岸の貿易港に輸送される。

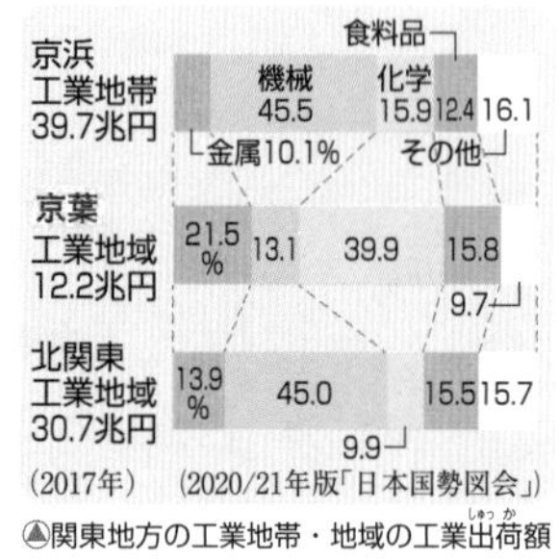

▲関東地方の工業地帯・地域の工業出荷額

入試直前確認テスト

次の問いに答えなさい。また，(　)にあてはまる語句を答えなさい。

- □ ❶ 中部地方で海に面していないのは，岐阜県と山梨県と(　　)県である。
- □ ❷ 日本アルプスとよばれる山脈のうち，最も東にある山脈は何か。
- □ ❸ 揖斐川・長良川・木曽川の下流域に見られる，堤防に囲まれた地域を(　　)という。
- □ ❹ 山梨県の(　　)盆地では，ももやぶどうの生産が盛んである。
- □ ❺ 長野県の野辺山原や群馬県の嬬恋村で盛んな，夏の涼しい気候を利用して，出荷時期をほかの地域よりも遅らせる栽培方法を何というか。
- □ ❻ 右のグラフ中のXに共通する県はどこか。
- □ ❼ オートバイ・楽器の生産が盛んな静岡県の工業都市はどこか。
- □ ❽ 長野県(　　)市や岡谷市では電気機械工業が盛んである。

- □ ❾ 関東平野を流れる流域面積日本一の河川を何というか。
- □ ❿ 関東地方に，冬に北西から吹く乾燥した季節風を何というか。
- □ ⓫ 関東平野に広がる火山灰土の赤土を何というか。
- □ ⓬ 大消費地に近い千葉県や茨城県などでは(　　)農業が盛んである。
- □ ⓭ 右の地図中のAの工業地帯を何というか。
- □ ⓮ 右の地図中のBの工業地域で最も盛んな工業は何か。
- □ ⓯ 右の地図中のCの(　　)空港は貿易総額が日本一(2019年)である。

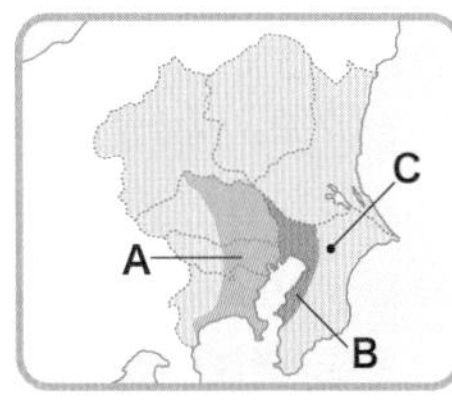

❶ 長野　❷ 赤石山脈　❸ 輪中　❹ 甲府　❺ 抑制栽培
❻ 愛知県　❼ 浜松市　❽ 諏訪　❾ 利根川
❿ からっ風　⓫ 関東ローム　⓬ 近郊　⓭ 京浜工業地帯
⓮ (石油)化学工業　⓯ 成田国際

月　日

9. 日本の諸地域（3） 東北，北海道

図解チェック

① 東北地方 ★★★

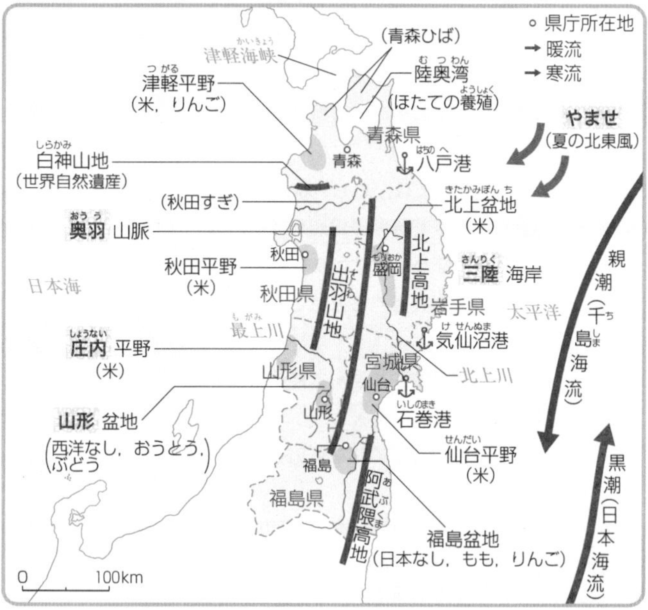

▲東北地方の自然・農業・林業・漁業

❶ 農業…北陸地方とともに「**日本の穀倉地帯**」。東北地方では，秋田県が最も米の生産量が多い(2019年)。米の消費量の減少→米の生産調整(転作・休耕)。青森県は**りんご**，山形県はおうとう・西洋なしの生産が日本一(2018年)。福島県はもも，岩手県は畜産(乳用牛第4位，肉用牛第5位)。

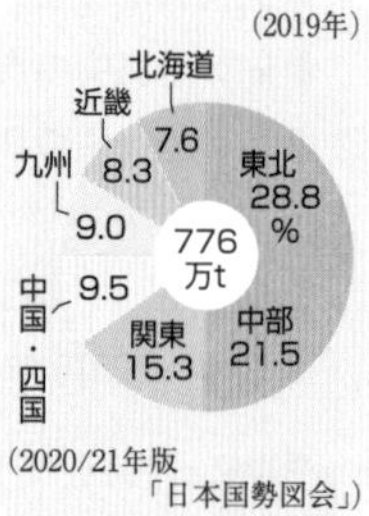

❷ 漁業…**リアス海岸**の三陸海岸は沖合に**潮目(潮境)**→好漁場。**東日本大震災**で被害。

(2019年)

(2020/21年版「日本国勢図会」)

▲米の地域別生産割合

- 果樹栽培…青森県・山形県・福島県で盛ん。
- 津軽平野…りんご　●山形盆地…おうとう
- 福島盆地…もも

- 地域ごとの特色ある農業のくふうを気候とつなげて理解する。
- 各地の伝統的工芸品や工業の盛んな都市をおさえる。

▲東北地方の工業

❸ 工業…**東北新幹線**，東北自動車道の整備により，工場が進出。高速道路沿いに**工業団地**がつくられ，電子部品や自動車の工場が進出。2011 年に**福島原子力**発電所事故。

❹ 伝統産業…冬の農業の副業として発達。南部鉄器，天童将棋駒，大館曲げわっぱ，宮城伝統こけし，津軽塗，会津塗など。

❺ 東北三大祭り…**青森ねぶた祭**，**仙台七夕まつり**，**秋田竿燈まつり**。

❻ 年中行事…秋田県の「男鹿のナマハゲ」→国の**重要無形民俗文化財**やユネスコの**無形文化遺産**に登録。

② 北海道地方 ★★★

▲北海道の自然

❶ 気候…**冷帯(亜寒帯)**。**梅雨**の影響を受けない。太平洋岸では，千島海流の影響で**濃霧**。オホーツク海の**流氷**。

❷ 石狩平野…**客土**による泥炭地の土地改良で**稲作地帯**となった。

❸ 十勝平野…日本有数の**畑作地帯**で，小麦やてんさい，じゃがいもを栽培。酪農も行われている。

❹ 根釧台地…**酪農**が盛ん→乳牛を飼育し，バターやチーズを生産。

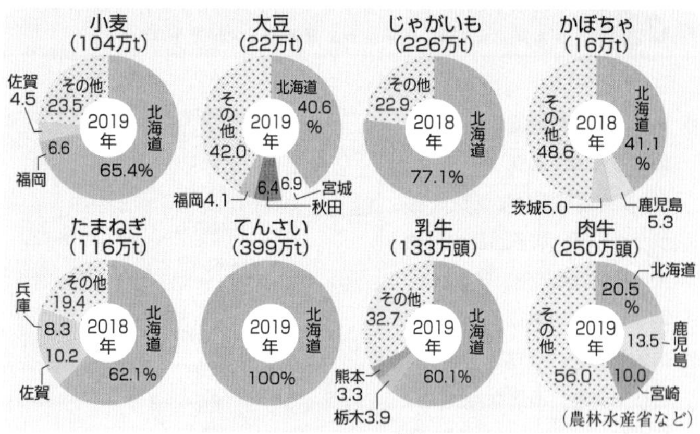

▲おもな農産物の生産量・家畜の飼育頭数

❺ 漁業…オホーツク海やベーリング海が漁場（北洋漁業）→**釧路港**・根室港など。遠洋漁業から育てる漁業への変化。
- **養殖業**…内浦湾やサロマ湖のほたて貝。
- **栽培漁業**…卵をふ化させて放流し，成長してからとる漁業。

❻ 工業…鉱産資源と結びついて発展したため，工業が盛んな地域が分散している。特に**食料品工業**の割合が高い。
- 食料品工業…**札幌市**，**帯広市**，**根室市**などで盛ん。
- 製紙・パルプ工業…釧路市，苫小牧市などで盛ん。
- **鉄鋼業**…室蘭市で盛ん。

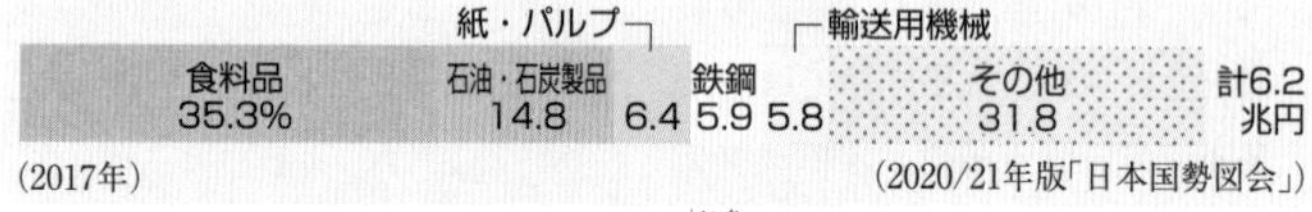

▲北海道の工業出荷額の割合

❼ 観光業…豊かな観光資源を生かした産業。**知床**は世界自然遺産。釧路湿原などは**ラムサール条約**登録地。**エコツーリズム**で生態系保全。

❽ 歴史…北海道の先住民族である**アイヌ民族**。江戸時代に松前藩と交易。明治時代，**開拓使**を設け，士族を**屯田兵**として移住させ，開発を行う。

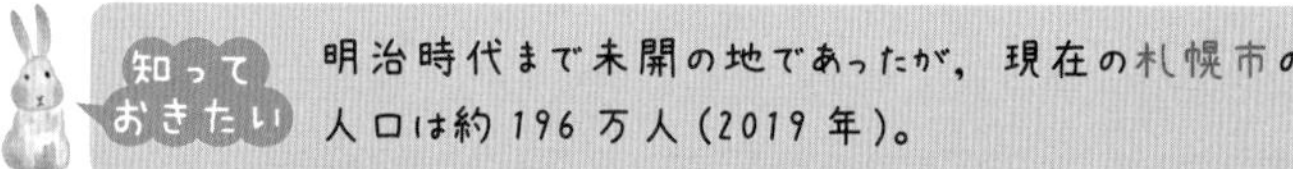

明治時代まで未開の地であったが，現在の札幌市の人口は約196万人（2019年）。

入試直前確認テスト

次の問いに答えなさい。また，（　）にあてはまる語句を答えなさい。

- □ ❶ 東北地方の地方中枢(ちゅうすう)都市はどこか。
- □ ❷ 東北地方の中央部を南北に連なる山脈を何というか。
- □ ❸ 青森県と北海道の間にある海峡(かいきょう)を，（　　）海峡という。
- □ ❹ 東北地方の最上(もがみ)川の河口に広がる平野を何というか。
- □ ❺ 東北地方で米の生産量が最も多い県(2019 年)はどこか。
- □ ❻ 東北地方に夏に吹(ふ)きつける冷害の原因となる風は何か。
- □ ❼ 青森県は全国の約 6 割の（　　）を生産している(2018 年)。
- □ ❽ 東北自動車道沿いには，計画的に工場を集中させた（　　）がつくられた。
- □ ❾ 石狩(いしかり)平野では（　　）によって農地が改良された。
- □ ❿ 右のグラフは（　　）の飼育頭数割合を表している。

その他 29.5
2019年
北海道 60.1%
岩手 3.2
熊本 3.3
栃木3.9
(2020/21年版「日本国勢図会」)

- □ ⓫ 北方領土のうち，日本の北端(ほくたん)となる島を何というか。
- □ ⓬ サロマ湖で養殖(ようしょく)が盛(さか)んな水産物は何か。
- □ ⓭ 育てた稚魚(ちぎょ)を放流し，成長したあとにとる漁業を何というか。
- □ ⓮ 次のグラフは北海道の工業出荷(しゅっか)額の割合を示している。グラフ中のXにあてはまる工業名を答えよ。

X35.3%	石油・石炭製品 14.8	紙・パルプ 6.4	鉄鋼 5.9	輸送用機械 5.8	その他31.8

(2017年)　(2020/21年版「日本国勢図会」)

- □ ⓯ 北海道の先住民族を何というか。
- □ ⓰ 北海道の道庁所在地はどこか。

❶ 仙台市(せんだい)　❷ 奥羽山脈(おうう)　❸ 津軽(つがる)　❹ 庄内平野(しょうない)　❺ 秋田県
❻ やませ　❼ りんご　❽ 工業団地　❾ 客土(きゃくど)　❿ 乳牛
⓫ 択捉島(えとろふ)　⓬ ほたて貝　⓭ 栽培漁業(さいばい)　⓮ 食料品工業
⓯ アイヌ民族　⓰ 札幌市(さっぽろ)

月　日

10. 文明のおこりと日本

年表・図解チェック

時代	中国	年代	おもなできごと・文化
旧石器時代		700~600万年前	人類が出現する
		1万年前	日本列島が形成される
縄文時代	殷	前3000~1600年ごろ	各地で**古代文明**がおこる
	周		
	春秋・戦国	前8世紀ごろ	ギリシャで都市国家(**ポリス**)が栄える
	秦	前221	秦の始皇帝が中国を統一
弥生時代	漢	前27	ローマ帝国が成立する
		57	奴国の王が後漢に使者
	三国時代	239	卑弥呼が魏に使者を送る
古墳時代	東晋／五胡十六国		●**大和政権**の統一が進む
	南北朝	478	倭王武が南朝に使者
			●百済から仏教が伝来

縄文文化
- 縄文土器・土偶
- たて穴住居

弥生文化
- 弥生土器
- 金属器
- 稲作

古墳文化
- 大仙古墳（仁徳陵古墳）

① 人類の出現 ★

❶ 旧石器時代…狩りや採集の生活・**打製石器**の使用。
●**猿人**→**原人**→**新人**(現在の人類の直接の祖先)。

❷ 新石器時代…地球は温暖化，弓矢を使った狩猟・土器・磨製石器。

② 古代文明 ★★

文明の名称	河川	文字	文化財など
メソポタミア文明(前3000年ごろ)	ティグリス川・ユーフラテス川	**くさび形文字**	ハンムラビ法典，太陰暦，天文学，60進法
エジプト文明(前3000年ごろ)	ナイル川	**象形文字**	ピラミッド，パピルス，**太陽暦**，ミイラ
インダス文明(前2500年ごろ)	インダス川	(絵文字)	都市遺跡（モヘンジョ-ダロ・ハラッパー）
中国文明(前1600年ごろ)	黄河・長江	**甲骨文字**	青銅器，土器（彩陶・黒陶）

ギリシャのアテネでは民主政が行われていたよ。

得点UP!
- 古代文明の発生場所と特色の違いを理解する。
- 中国の歴史書に記された日本のようすを整理しておく。

③ 中国の統一 ★★

❶ **春秋・戦国時代**…**孔子**が現れ，**儒学（儒教）**を説く。

❷ **秦**…紀元前221年，**始皇帝**が中国を統一し，その後，万里の長城を築く。

入試で注意

Q 万里の長城はなぜつくられたのか。

A （例）北方の遊牧民の侵入を防ぐため。

❸ **漢**…大帝国を築き，**シルクロード**（絹の道）を通って西方と交易を行う。

④ 三大宗教 ★★

❶ **仏教**…紀元前5世紀ごろ，インドに生まれた**シャカ**が始める。東南アジアや東アジアに広まる。

❷ **キリスト教**…紀元前後，パレスチナ地方に生まれた**イエス**が始めた教えがもとになっている。ヨーロッパ，南北アメリカなどに広まる。

❸ **イスラム教**…7世紀ごろ，メッカの商人であった**ムハンマド**が唯一の神である**アラー**のお告げを受けて始める。聖典は「コーラン」。西アジア・中央アジア・北アフリカなどに広まる。

⑤ 縄文時代と弥生時代の比較 ★★

	縄文時代	弥生時代
時期	約1万年前～前4世紀ごろ	前4世紀ごろ～3世紀ごろ
土器	縄文土器（厚手でもろい）	弥生土器（薄手でかたい）
道具	石器・木器・骨角器	石器・木器・金属器
生産	狩猟・採集	農耕（稲作）
社会	身分・貧富の差，階級の区別がない	身分の上下・貧富の差，階級の区別が発生
おもな遺跡	鳥浜貝塚（福井県） 三内丸山遺跡（青森県）	登呂遺跡（静岡県） 吉野ヶ里遺跡（佐賀県）

※弥生時代の始まりは紀元前10世紀ごろともいわれている。

6 中国の歴史書に見る日本 ★★★

❶ 『漢書』地理志…紀元前１世紀の日本は百余国に分かれる。

❷ 『後漢書』東夷伝…１世紀，奴国の王が**金印**を授けられる。

金印

❸ 魏志倭人伝…３世紀，**邪馬台国**を治めていた女王の**卑弥呼**が，中国の**魏**に使者を送る。

7 古墳時代 ★★

❶ 古墳…王や豪族の墓。自分の権力を示すため，古墳（**前方後円墳**など）がつくられる→巨大な古墳は，大和・河内地域などに集中。

❷ 大和政権…**大王**と豪族で構成する巨大勢力。

- ５世紀ごろには九州から東北地方南部まで勢力を拡大。
- 倭王**武**と考えられる「ワカタケル大王」の文字が刻まれた出土品。

- 埼玉県の稲荷山古墳の鉄剣
- 熊本県の江田船山古墳の鉄刀

５世紀ごろの朝鮮半島

❸ 渡来人…朝鮮半島などから，日本に移住した人々。大陸の進んだ技術や知識を伝える。
→**須恵器**・機織り・ため池をつくる技術・鉄製農具・**漢字**・**儒学**・**仏教**。

Check!

- 土偶→縄文時代につくられた，豊かな収穫を祈るための土製の人形。
- 埴輪→古墳の上や周りに置かれた土製の円筒や人・馬・家などの焼き物。

最重要年代 暗記

銅鏡を　もらった卑弥呼は

皇帝**にサンキュー**
２　３　９

239 年，卑弥呼は魏に使いを送り，魏から「**親魏倭王**」の称号と銅鏡 100 枚などを与えられた。

入試直前確認テスト

次の問いに答えなさい。また，(　)にあてはまる語句を答えなさい。

□ ❶ 紀元前 3000 年ごろに，エジプト文明は(　　)の下流域で発達した。

□ ❷ 紀元前 3000 年ごろに，ティグリス川・ユーフラテス川の流域で発達した文明を何というか。

□ ❸ 紀元前 221 年，秦の(　　)は初めて中国を統一した。

□ ❹ 紀元前後に生まれ，キリスト教を始めたのはだれか。

□ ❺ 7 世紀ごろ，メッカの商人のムハンマドが(　　)を始めた。

□ ❻ 縄文時代以降，人々が住居としていた右のような建物を何というか。

□ ❼ 縄文時代，豊かな収穫を祈ってつくられたと考えられている土製の人形を何というか。

□ ❽ 3 世紀ごろ，女王の(　　)が邪馬台国を，まじないによって治めていた。

□ ❾ ❽についての記述がある中国の歴史書を何というか。

□ ❿ 円形と方形を組み合わせた形をしている，王や各地の豪族の墓を何というか。

□ ⓫ 近畿地方に誕生した，大王と豪族によって構成された強大な政治組織を何というか。

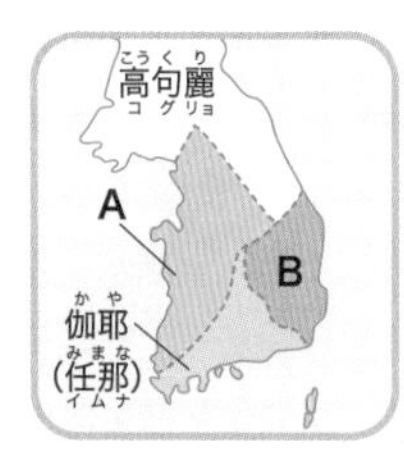

□ ⓬ 戦乱を逃れ，一族で大陸から日本にやってきた(　　)の中には，進んだ技術や知識を伝え⓫で高い地位を占める一族もあった。

□ ⓭ 右の 5 世紀ごろの朝鮮半島の地図のうち，A・Bにあたる国の名を答えよ。

❶ ナイル川　❷ メソポタミア文明　❸ 始皇帝　❹ イエス
❺ イスラム教　❻ たて穴住居　❼ 土偶　❽ 卑弥呼
❾ 魏志倭人伝　❿ 前方後円墳　⓫ 大和政権　⓬ 渡来人
⓭ A 百済(ペクチェ)　B 新羅(シルラ)

11. 古代国家の展開

年表・図解チェック

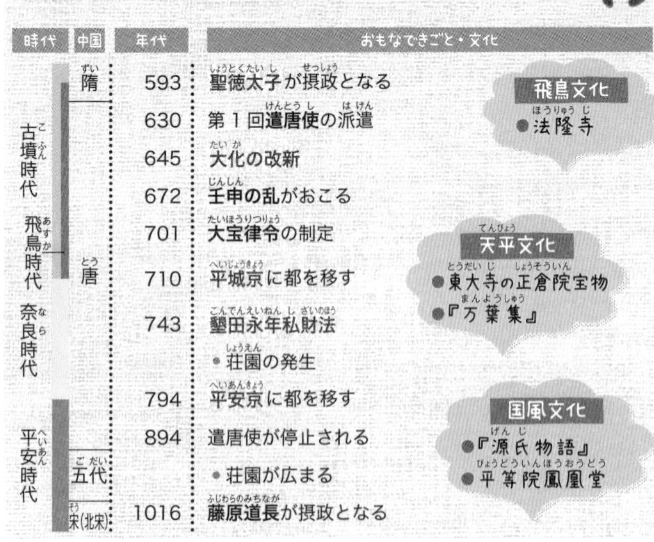

時代	中国	年代	おもなできごと・文化
古墳時代 / 飛鳥時代	隋	593	聖徳太子が摂政となる
	唐	630	第1回遣唐使の派遣
		645	大化の改新
		672	壬申の乱がおこる
		701	大宝律令の制定
奈良時代		710	平城京に都を移す
		743	墾田永年私財法
			●荘園の発生
平安時代		794	平安京に都を移す
		894	遣唐使が停止される
	五代		●荘園が広まる
	宋(北宋)	1016	藤原道長が摂政となる

① 聖徳太子(厩戸皇子)の政治 ★★★

天皇中心の中央集権国家をめざす。

❶ 冠位十二階の制度…家柄によらず，才能がある人物を役人に登用する。

❷ 十七条の憲法…役人の心がまえを示す。

❸ 遣隋使…**小野妹子**らを隋に派遣し，留学生や留学僧に隋の進んだ制度や文化を学ばせる。

❹ 日本で最初の仏教文化である飛鳥文化が栄える。**法隆寺**を建立。

十七条の憲法

一に曰く　和をもって貴しとなし，さからうことなきを宗とせよ。(一部要約)

Ⓐ法隆寺

知っておきたい　冠位十二階の制度・十七条の憲法により，天皇中心の政治をめざす。

- 聖徳太子の改革の内容を正確におさえる。
- 藤原氏の摂関政治と国風文化の内容を整理しておく。

② 大化の改新 ★★

645年，**中大兄皇子**が**中臣鎌足**とともに蘇我氏を倒し，新しい政権づくりをめざす。

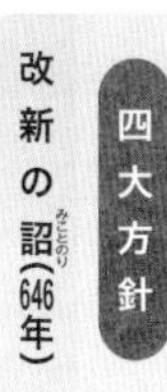

改新の詔（646年） 四大方針
- **公地公民**…土地・人民を国家の所有とする
- 地方…都の周辺を畿内とし，全国を国・郡・里に分ける
- **班田収授法**…6歳以上の男女に**口分田**を与える
- 新しい税制の制定…租・調・庸

③ 律令国家の誕生 ★★

❶ 701年に完成した**大宝律令**に基づき**律令政治**が行われる。

❷ 708年に発行された**和同開珎**などの貨幣は都で流通する。

❸ 710年につくられた平城京は，唐の都の**長安**（現在の西安）にならってつくられる。

⊿平城京

④ 農民の負担と私有地の拡大 ★★

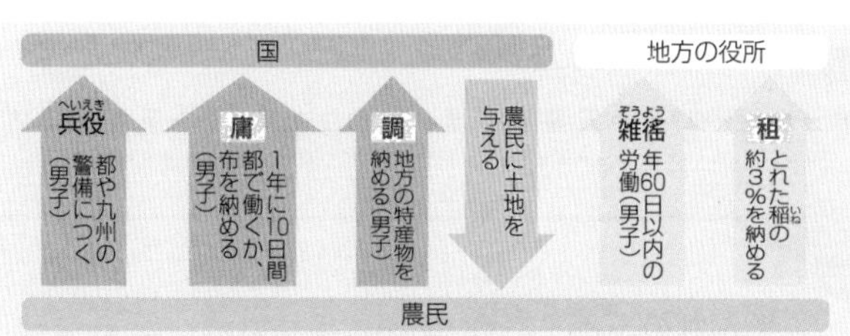

⊿農民のおもな負担

- 墾田永年私財法…新しく開墾した土地の私有を認めた法。貴族や寺社の私有地は，のちに荘園とよばれるようになる。

⑤ 聖武天皇と天平文化 ★★★

東大寺正倉院

❶ 仏教を重んじる政治を行う。
- 国分寺・国分尼寺を建立。
- 東大寺に大仏を造立…行基の協力。

❷ 天平文化

- 歴史書…『古事記』『日本書紀』
- 和歌集…『万葉集』
- 正倉院宝物…西アジアやインドの楽器や道具などが伝わる。

⑥ 平安京 ★★

❶ 桓武天皇が都を移し，混乱していた政治の立て直しをはかる。

❷ 坂上田村麻呂が征夷大将軍となり，蝦夷を征討する。

❸ 最澄…天台宗・比叡山延暦寺　空海…真言宗・高野山金剛峯寺

⑦ 摂関政治と国風文化 ★★★

❶ 藤原氏は娘を天皇のきさきとし，孫を天皇の位につけて，外戚の祖父として権力を握る。

❷ 国風文化が栄える。

入試で注意

Q 1016年に摂政となり，藤原氏の全盛時代を築いたのはだれか。

A 藤原道長

- 仮名文字を使用した女流文学
  『源氏物語』(紫式部)・『枕草子』(清少納言)
- 浄土信仰…平等院鳳凰堂(藤原頼通)

Check!

- 摂政→女性や幼少の天皇の代理
- 関白→成人した天皇の補佐

最重要年代 暗記

そんなの なしさ(743) 墾田永年私財法

743年に出された墾田永年私財法によって，公地公民の原則は崩れ去った。

入試直前確認テスト

次の問いに答えなさい。また，（　）にあてはまる語句を答えなさい。

□ ❶ 聖徳太子は，役人の心がまえを示す(　　)を定めた。

□ ❷ 聖徳太子が冠位十二階の制度を定めた目的を，簡単に答えよ。

□ ❸ 607 年，聖徳太子が遣隋使として派遣した人物はだれか。

□ ❹ 大化の改新を中心になっておしすすめ，のちに天智天皇となった人物はだれか。

□ ❺ 6 歳以上の男女に口分田を与え，死ねば返させる土地制度を何というか。

□ ❻ 成年男子が地方の特産物を都に納める税を何というか。

□ ❼ 701 年，唐の法律にならった（　　)が制定された。

□ ❽ 唐の都の長安にならってつくられた，右の図の都を何というか。

□ ❾ 右の図の東大寺の大仏づくりを命じた天皇はだれか。

□ ❿ 右の図に都が置かれた時代に栄えた文化を何というか。

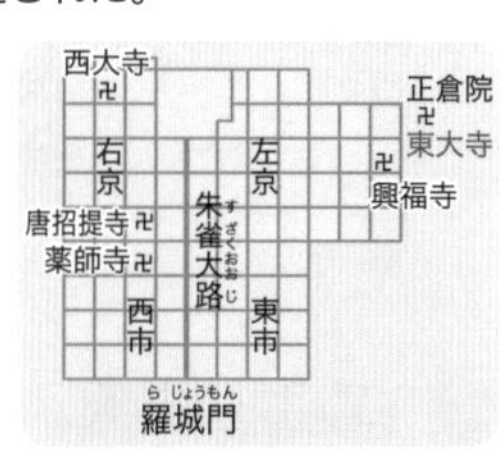

□ ⓫ 平安時代の中ごろに，（　　)が『源氏物語』を著した。

□ ⓬ 平安時代の中ごろに，藤原氏が朝廷の高い地位を独占して行った政治を何というか。

□ ⓭ 藤原頼通が宇治(京都府)に建立した右上の阿弥陀堂を何というか。

❶ 十七条の憲法　❷ (例) 家柄に関係なく，才能ある人物を役人に登用するため。
❸ 小野妹子　❹ 中大兄皇子　❺ 班田収授法　❻ 調
❼ 大宝律令　❽ 平城京　❾ 聖武天皇　❿ 天平文化
⓫ 紫式部　⓬ 摂関政治　⓭ 平等院鳳凰堂

月　　日

12. 武士の台頭と鎌倉幕府

年表・図解チェック

時代	中国	年代	おもなできごと・文化
平安時代	宋	1086	白河上皇が院政を始める
平安時代	宋／金	1156	保元の乱がおこる
平安時代	宋／金	1159	平治の乱がおこる
平安時代	宋／金	1167	平清盛が太政大臣になる
鎌倉時代	宋(南宋)／金	1185	全国に守護・地頭を設置
鎌倉時代	宋(南宋)／金	1192	源頼朝が征夷大将軍になる
鎌倉時代	宋(南宋)／金	1221	承久の乱がおこる
鎌倉時代	宋(南宋)／金	1232	御成敗式目(貞永式目)制定
鎌倉時代	宋(南宋)／モンゴル	1274	文永の役（元寇）
鎌倉時代	宋(南宋)／モンゴル	1281	弘安の役（元寇）
鎌倉時代	元	1297	徳政令(永仁の徳政令)
鎌倉時代	元	1333	鎌倉幕府が滅ぶ

鎌倉文化
- 金剛力士像(運慶・快慶ら)
- 『平家物語』
- 『新古今和歌集』
- 『徒然草』
- 新しい仏教

① 武士の成長 ★★

❶ 10世紀…朝廷への不満から，北関東で**平将門の乱**，瀬戸内地方で**藤原純友の乱**がおこる。

❷ 11世紀…前九年合戦・後三年合戦を鎮圧した**源氏**が東日本に勢力を広げる。

❸ 1086年，白河天皇は**上皇**となり，摂政や関白の力をおさえて**院政**を始める。

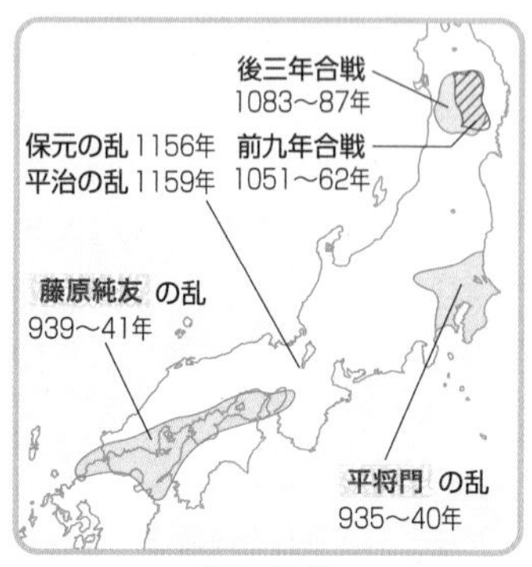

△武士の反乱

❹ 12世紀…京都でおこった**保元の乱・平治の乱**に源氏・平氏の武士団が参戦。1167年，**平清盛**が武士として初めて**太政大臣**となる。

- 承久の乱と元寇の内容とその後の影響を整理する。
- 鎌倉仏教の宗派と開祖，教えの特徴を整理する。

② 鎌倉幕府の成立 ★★

❶ 源義経に平氏を攻めさせ，**源頼朝**は鎌倉に武家政権を整備する。

❷ 壇ノ浦の戦いで平氏を滅ぼした義経と対立した頼朝は，義経をとらえることを口実に，国ごとに**守護**，荘園や公領ごとに**地頭**を配置。

●鎌倉幕府は，鎌倉に**執権**や，**侍所**・**政所**・**問注所**を置く。また，将軍と御家人は**御恩**と**奉公**の関係で結ばれていた。

丸暗記

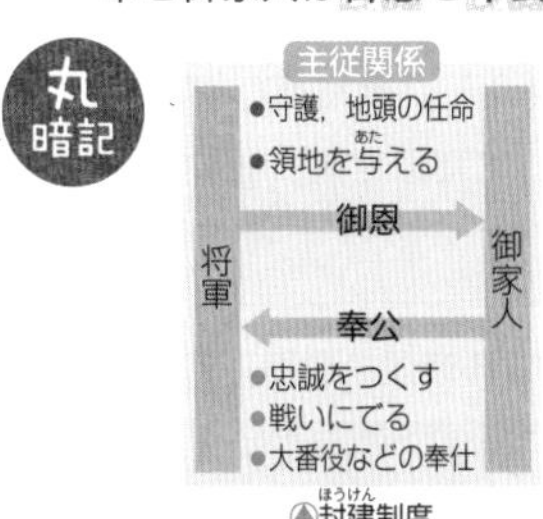

封建制度

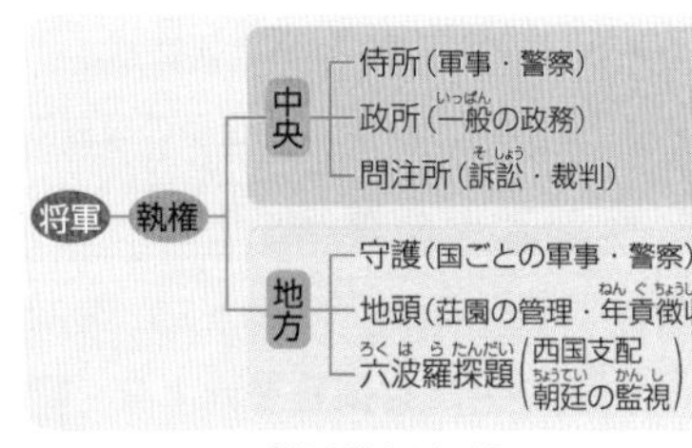

鎌倉幕府のしくみ

③ 承久の乱 ★★★

❶ 源氏の直系が滅亡し，将軍を補佐する執権である**北条氏**が権力を握る。朝廷に権力を取り戻そうと，後鳥羽上皇が**承久の乱**をおこすが，失敗し，隠岐(島根県)に流される。

❷ 朝廷の監視などを行うため，幕府は京都に**六波羅探題**を設置する。

北条政子の訴え

みなの者，よく聞きなさい。これが最後の言葉になります。頼朝公が朝廷の敵を倒し，幕府を開いてから，その恩は山より高く，海より深いものでした。…

(一部要約)

❸ 上皇方の土地を取り上げ，幕府方の御家人に恩賞として与える。

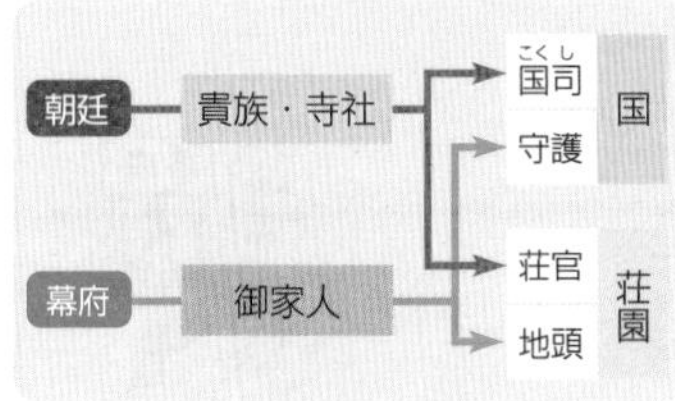

幕府と朝廷の二重支配

入試で注意

Q 1232年に北条泰時が定めた最初の武士による法律を何というか。

A **御成敗式目(貞永式目)**

④ 鎌倉文化 ★★★

❶ 仏教…朝廷と武士の権力争いなど不安定な世の中で新しい仏教の教えが広まる。

- 念仏を唱える…浄土宗(法然)・浄土真宗(親鸞)・時宗(一遍)
- 題目を唱える…日蓮宗(日蓮)
- 座禅を組んで自分の力でさとりを開く(禅宗)…臨済宗(栄西)・曹洞宗(道元)

❷ 鎌倉文化…力強く，素朴で，わかりやすい文化。

- 彫刻…東大寺南大門**金剛力士像**(運慶・快慶ら)
- 文学…**『平家物語』**(琵琶法師が語り広める)・**『徒然草』**(兼好法師)・**『新古今和歌集』**(後鳥羽上皇の命令によって藤原定家らが編集)

⑤ モンゴルの襲来 ★★★

❶ 背景…13 世紀初期，チンギス＝ハンが**モンゴル帝国**を建国→ 13 世紀後半，**フビライ＝ハン**は国号を元と変え，中国を支配。

❷ 元寇…フビライは日本を従えようと使者を送るが，執権**北条時宗**が拒否。

▲元との戦い(「蒙古襲来絵詞」)

- **文永の役**(1274 年)…元と高麗の軍勢が博多湾に襲来し，集団戦法や火薬に幕府軍は苦戦するが，元と高麗軍の対立などにより元は撤退。
- **弘安の役**(1281 年)…元軍は，幕府の築いた防壁により上陸できず，暴風雨にあって大打撃を受け，撤退。

❸ 影響…御家人は恩賞を十分に受け取れず，不満が残る。1297 年，分割相続で生活が苦しい御家人救済のために**徳政令(永仁の徳政令)**を出す。

最重要年代 暗記

つくるぞ **いいくに**(1192) 鎌倉に

1192 年，源頼朝が征夷大将軍に任じられ，本格的に武士の政権をつくる。

入試直前確認テスト

次の問いに答えなさい。また，（　）にあてはまる語句を答えなさい。

□ ❶ 白河天皇が上皇となって，摂政や関白をおさえて行った政治を何というか。

□ ❷ 1167 年，武士として初めて太政大臣になったのはだれか。

□ ❸ 右の図は，将軍と御家人の主従関係を表したもので，将軍が領地を保護したり，新しく土地を与えることを（　A　）といい，御家人が将軍に忠誠を誓うことを（　B　）という。

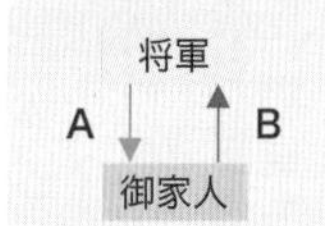

□ ❹ 源氏の直系が滅亡した後，北条氏が（　　）として政治の実権を握った。

□ ❺ 1221 年，鎌倉幕府を倒すために乱をおこした上皇とその乱の名を答えよ。

□ ❻ ❺の乱の後，朝廷の監視などのために京都に（　　）が置かれた。

□ ❼ 1232 年に北条泰時によって定められた（　　）は長く武家の法律の手本となった。

□ ❽ 1274 年と 1281 年に元・高麗軍が博多湾に襲来した。このできごとをあわせて何というか。

□ ❾ ❽の当時，幕府の❹であったのはだれか。

□ ❿ 栄西や道元が宋から伝えた仏教の宗派を，あわせて何というか。

□ ⓫ 東大寺南大門におさめられている，右の仏像を何というか。

□ ⓬ 琵琶法師が語り広めた，武士の戦いを記した軍記物を『（　　）』という。

❶ 院政　❷ 平清盛　❸ A 御恩　B 奉公　❹ 執権
❺ 後鳥羽上皇・承久の乱　❻ 六波羅探題
❼ 御成敗式目（貞永式目）　❽ 元寇　❾ 北条時宗
❿ 禅宗　⓫ 金剛力士像　⓬ 平家物語

part2 歴史

13. 南北朝の動乱と室町幕府

月　日

年表・図解チェック

時代	中国	年代	おもなできごと・文化
南北朝時代	元	1334	建武の新政が始まる
		1336	南北朝の動乱が始まる
		1338	足利尊氏が征夷大将軍となる
室町時代			・倭寇が盛んに活動する
	明	1392	足利義満が南北朝を統一する
		1404	勘合貿易が始まる
		1428	正長の土一揆がおこる
		1429	琉球王国の建国
戦国時代		1467	応仁の乱がおこる(～77)
			・下剋上の風潮が広がる

北山文化
- 金閣
- 能・狂言

東山文化
- 銀閣・書院造
- 水墨画・石庭

① 建武の新政 ★★

足利尊氏らの協力を得て，鎌倉幕府を滅ぼした**後醍醐天皇**が，公家重視の政治を行ったので，武士たちの不満が高まり，**建武の新政**は２年で終わる。

二条河原落書

このごろ都ではやっているものは，夜討ちや強盗，天皇のにせの命令，囚人，急使を乗せた早馬，つまらない騒動…。（一部要約）

② 南北朝時代と室町幕府 ★★

❶ 後醍醐天皇は吉野に逃れ，南朝を開き，京都の北朝と争う。

❷ 北朝から征夷大将軍に任じられた**足利尊氏**は，京都に**室町幕府**を開く。

Check!
- 執権→鎌倉幕府の将軍の補佐
- 管領→室町幕府の将軍の補佐

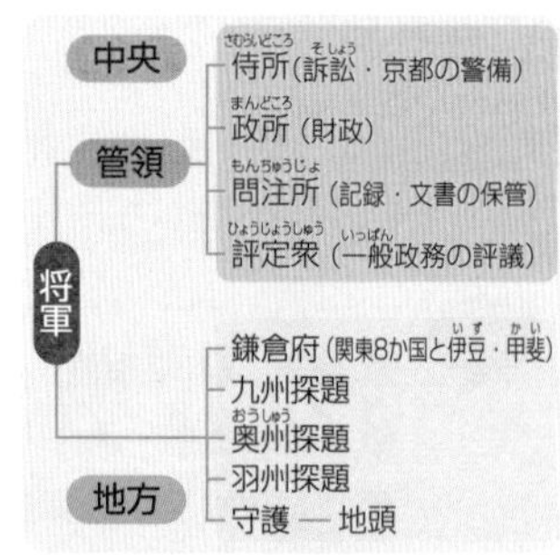

▲室町幕府のしくみ

- 3代将軍足利義満の業績を整理する。
- 北山文化と東山文化の特徴を区別する。

③ 東アジアとの関わり ★★★

❶ **勘合貿易(日明貿易)**

　足利義満が明と国交を開き，朝貢貿易により，大量の**銅銭**(明銭)などを輸入。

本字壹號

▲勘合

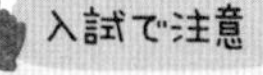

Q 明との貿易に，勘合を用いたのはなぜか。

↓

A (例)倭寇と正式な貿易船を区別するため。

❷ **朝鮮**…1392 年，李成桂が高麗を滅ぼし，**朝鮮国**を建国する。

❸ **琉球**…1429 年に尚氏が建国した**琉球王国**が中継貿易で繁栄する。

3代将軍足利義満は，勘合貿易のほかにも，花の御所の建設，南北朝の統一，太政大臣への就任，金閣の建設などを行っている。

④ 産業の発達 ★★

❶ **農業**…**二毛作**が各地に広がり，牛馬耕や草木灰などの肥料が普及する。

❷ **手工業**…絹織物など特産物が各地で生産される。

❸ **商業**…**定期市**の開催が月 3 回から 6 回に増える。

- 宋銭や明銭(永楽通宝など)の使用
- 高利貸し…土倉や酒屋
- 陸上輸送…馬借
- 水運・倉庫業…問(問丸)
- 同業者組合…座

⑤ 村の自治と民衆の成長 ★★

❶ **惣**(自治組織)が**寄合**によって村を運営する。

❷ 京都では**町衆**とよばれる裕福な商工業者による自治。

❸ **正長の土一揆**…近江の馬借が中心となり，酒屋や土倉を襲い，幕府に徳政令を要求する。

❹ **山城国一揆**…守護大名を追放し，８年間自治を行う。

❺ **加賀の一向一揆**…一向宗(浄土真宗)の信者が中心となって，守護大名を倒し，約 100 年間自治を行う。

▲正長の土一揆の碑文

⑥ 応仁の乱と戦国時代 ★★★

❶ 応仁の乱(1467 ～ 77 年)…８代将軍**足利義政**のあと継ぎ争いに細川氏と山名氏の勢力争いなどがからみ，京都でおこった戦乱。この戦乱は地方にも広がる→実力があれば，身分の低い者が上の者に取って代わる**下剋上**の風潮が広がる。

❷ 戦国大名の登場…強力な軍を組織し，城の周辺に**城下町**をつくり，産業振興に力を入れる。領国支配のために独自の**分国法**を定め，より支配力を強める。

> **分国法**
> 一，けんかをした者は，いかなる理由であっても処罰する。（一部要約）
> （『甲州法度之次第』）

⑦ 室町時代の文化 ★★★

❶ 北山文化…足利義満のころの公家と武家の文化が混ざり合った文化。

- 建築…北山に３層の**金閣**を足利義満が造営。
- 舞台芸能…観阿弥・世阿弥父子が**能**を大成。能の合間に演じられる**狂言**が発達。

❷ 東山文化…足利義政のころの禅宗の影響を受けた，より質素で気品のある文化。

- 建築…東山に２層の**銀閣**を足利義政が造営。床の間やふすまのある**書院造**。
- 石庭…龍安寺など。
- 絵画…**雪舟**が**水墨画**を大成。

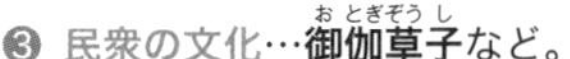

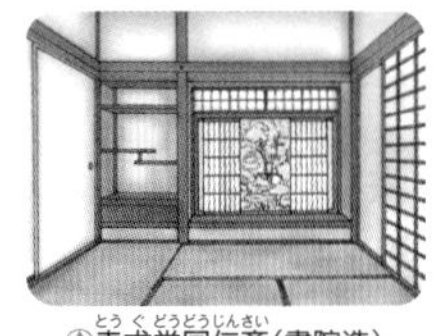

東求堂同仁斎(書院造)

❸ 民衆の文化…**御伽草子**など。

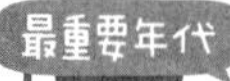

いざ国を一つに　南北朝統一
1　3　92

1392 年，足利義満が約 60 年にわたって続いた南北朝の動乱をおさめた。

入試直前確認テスト

次の問いに答えなさい。また，(　)にあてはまる語句を答えなさい。

□ ❶ 鎌倉幕府が滅亡したあとに始まった天皇中心の政治を何というか。

□ ❷ ❶に失敗した(　　)は吉野に逃れ，南北朝の動乱が始まった。

□ ❸ 1338 年，京都の北朝の天皇に征夷大将軍に任じられたのはだれか。

□ ❹ 南北朝を統一した将軍はだれか。

□ ❺ ❹の人物が中国と行った貿易を何というか。

□ ❻ 鎌倉時代から室町時代にかけて，(　　)は中国や朝鮮沿岸で海賊行為を行っていた。

□ ❼ (　　)は 15 世紀半ばに沖縄島を統一した尚氏によって建国され，中継貿易で栄えた。

□ ❽ 商工業者は同業者で(　　)をつくり，営業を独占した。

□ ❾ 農民たちが年貢軽減や借金の帳消しを要求しておこした一揆を漢字 3 字で何というか。

□ ❿ 観阿弥・世阿弥父子によって大成された舞台芸能を何というか。

□ ⓫ 右の建造物に見られる建築様式を何というか。

□ ⓬ 右の建造物を建てたのはだれか。

□ ⓭ ⓬の人物のあと継ぎ争いなどから，1467 年に京都でおこった戦乱を何というか。

□ ⓮ ⓭のあとに広がった，下剋上とはどのような風潮か，簡単に答えよ。

□ ⓯ 戦国大名が，自分の領国を治めるために，武士や民衆に向けて独自に定めた法を何というか。

解答

❶ 建武の新政　❷ 後醍醐天皇　❸ 足利尊氏　❹ 足利義満
❺ 勘合貿易(日明貿易)　❻ 倭寇　❼ 琉球王国　❽ 座
❾ 土一揆　❿ 能　⓫ 書院造　⓬ 足利義政　⓭ 応仁の乱
⓮ (例)実力のある者が上の身分の者に取って代わろうという風潮。
⓯ 分国法

月　日

14. ヨーロッパの動きと全国統一

年表・図解チェック

時代	中国	年代	おもなできごと・文化
戦国時代		15世紀末	大航海時代が始まる
		16世紀	● 宗教改革が始まる，ルネサンスが栄える
室町時代		1543	種子島(鹿児島)に鉄砲が伝わる
		1549	**キリスト教**が日本に伝わる
		1573	室町幕府が滅ぶ
	明	1575	長篠の戦いがおこる
安土桃山時代		1582	太閤検地の開始
		1588	刀狩令が出される
		1590	豊臣秀吉が全国統一
		1592	文禄の役
		1597	慶長の役

桃山文化
- 姫路城
- 障壁画
- わび茶(千利休)
- かぶき踊り

① 大航海時代 ★★

丸暗記

▲ 16世紀ごろの世界

香辛料などを求めてスペインやポルトガルなどが世界各地へ進出。

ポルトガルはアジア貿易で利益をあげ，スペインはアステカ王国やインカ帝国を滅ぼし，南北アメリカ大陸で植民地支配を行う。

- 南蛮人の来航が日本にもたらした影響を整理する。
- 太閤検地と刀狩が果たした役割を理解する。

② 宗教改革 ★★

❶ 16 世紀，**ルター**やカルバンが，ローマ教皇(法王)による免罪符の販売をカトリック教会の腐敗と批判し，聖書の教えを信仰のよりどころとする宗教改革を始める。彼らや彼らを支持する人々は，「抗議する者」という意味の**プロテスタント**とよばれた。

❷ カトリック教会内部でも改革が行われ，**イエズス会**は海外布教に力を入れる。

入試で注意

Q カトリック教会の頂点に立つ者はだれか。

↓

A **ローマ教皇(法王)**

③ ヨーロッパ人の来航 ★★★

❶ 鉄砲の伝来…1543 年，**種子島**に漂着した**ポルトガル人**によってもたらされる→戦術や築城法が変化する。

❷ キリスト教の伝来…1549 年，イエズス会の宣教師でスペイン人の**フランシスコ＝ザビエル**が鹿児島に上陸し，各地で布教する。

❸ **南蛮貿易**…ポルトガル人・スペイン人の貿易船が平戸や長崎などに来航する→貿易の利益に着目し，キリスト教に改宗する大名も現れる(キリシタン大名)。

④ 織田信長の統一事業 ★★★

❶ 統一過程…**桶狭間の戦い**で今川義元を破る→足利義昭を援助し，京都へ→室町幕府を滅ぼす→鉄砲を有効に使い，**長篠の戦い**で武田勝頼を破る→**安土城**を築く。

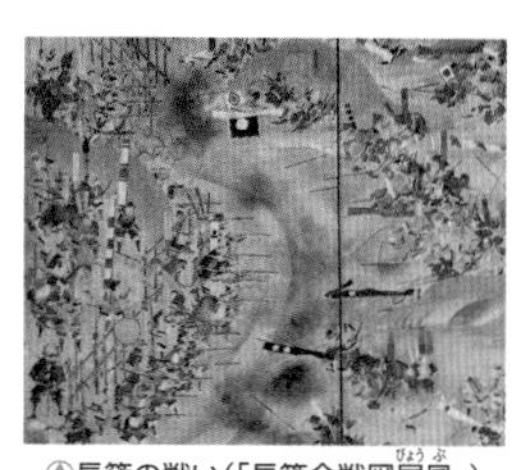

▲長篠の戦い(「長篠合戦図屏風」)

❷ 経済政策…関所の廃止や，**楽市・楽座**の政策を安土城下で行い，商工業を盛んにする。

❸ 宗教政策…仏教勢力をおさえるために，キリスト教を保護。

- 比叡山延暦寺の焼き討ち。
- 一向一揆をおさえる。

5 豊臣秀吉の統一事業 ★★★

❶ 本能寺の変で信長を自害に追いこんだ明智光秀を倒し，統一事業を進める。

❷ 太閤検地…ますやものさしを統一し，役人を派遣し，土地を測量して，面積・土地のよしあし・耕作者・石高(収穫高)を検地帳に記録。

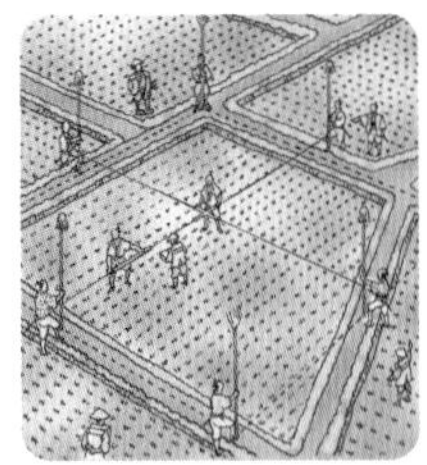

▲検地のようす

❸ 刀狩…一揆を防ぐために，農民から刀や弓，鉄砲などの武器を取り上げる。

❹ 宗教政策…当初はキリスト教を保護したが，のちに宣教師を国外追放(バテレン追放令)。

❺ 朝鮮侵略…明の征服をめざして，二度にわたって朝鮮へ軍を送るが，抵抗運動や李舜臣(イスンシン)が率いる水軍の活躍により，苦戦を強いられる。

知っておきたい　太閤検地や刀狩によって，武士と農民の身分の区別が明確になる，兵農分離が行われた。

Check!

・文永の役・弘安の役→元寇　・文禄の役・慶長の役→朝鮮侵略

6 桃山文化 ★★

❶ 天守閣のある城の室内には狩野永徳らの豪華な障壁画。

❷ 茶の湯において，千利休がわび茶を大成。

❸ 出雲の阿国がかぶき踊りを始める。

❹ 南蛮貿易を通じて，ヨーロッパ文化の影響を受ける。

最重要年代 暗記

以後よく(1549) 来るぞ 宣教師

1549年のザビエル来日以降，イエズス会の宣教師が布教のために来日する。

入試直前確認テスト

次の問いに答えなさい。また，（　）にあてはまる語句を答えなさい。

□ ❶ 下の地図中のAの航路で，1492 年に西インド諸島に到達したのはだれか。

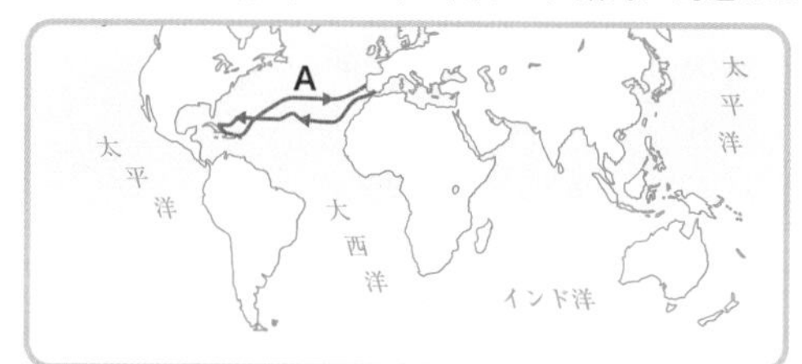

□ ❷ ローマ教皇（法王）の免罪符の販売に反対し，ドイツの（　　）が宗教改革を始めた。

□ ❸ カトリック教会内部でつくられた（　　）は，宣教師による海外布教に力を入れた。

□ ❹ 1549 年，日本にキリスト教を伝えたスペイン人宣教師はだれか。

□ ❺ スペイン人やポルトガル人との貿易を何というか。

□ ❻ 織田信長が鉄砲を有効に使い，武田勝頼を破った戦いを何というか。

□ ❼ 織田信長は安土城下に，自由に商工業を行うことを認める（　　）の政策を行った。

□ ❽ 豊臣秀吉は，ますやものさしを統一し，全国の土地を測量し，石高（収穫高）や耕作者を調査する（　　）を行った。

□ ❾ 豊臣秀吉が行った，農民から武器を取り上げる政策を何というか。

□ ❿ わび茶を大成した，堺の商人はだれか。

□ ⓫ 右の絵を描いたのはだれか。

❶ コロンブス　❷ ルター　❸ イエズス会
❹ フランシスコ＝ザビエル　❺ 南蛮貿易　❻ 長篠の戦い
❼ 楽市・楽座　❽ 太閤検地（検地）　❾ 刀狩　❿ 千利休
⓫ 狩野永徳

月　日

15. 江戸幕府の成立と鎖国

年表・図解チェック

時代	中国	年代	おもなできごと
安土桃山時代		1600	関ヶ原の戦いがおこる
		1603	徳川家康が征夷大将軍となる
		1612	幕領に禁教令を出す
		1615	武家諸法度を制定する
江戸時代	明	1624	スペイン船の来航を禁止する
		1635	武家諸法度に参勤交代の制度を追加する
		1637	島原・天草一揆がおこる(～ 38)
		1639	ポルトガル船の来航を禁止する
		1641	オランダ商館を長崎の出島に移す

① 江戸幕府のしくみ ★★

❶ 幕藩体制…幕府と藩による全国支配。大名の領地と支配のしくみを藩という。

❷ 大名…1万石以上の領地を与えられた武士。

丸暗記
- 親藩…徳川氏の一族。
- 譜代大名…古くから徳川氏の家臣であった大名。
- 外様大名…関ヶ原の戦いのころから徳川氏に従うようになった大名。

❸ 武家諸法度…大名統制の法律。

❹ 参勤交代…大名に対して，妻子を江戸に置き，1年おきに江戸と領地の往復することを義務づける。

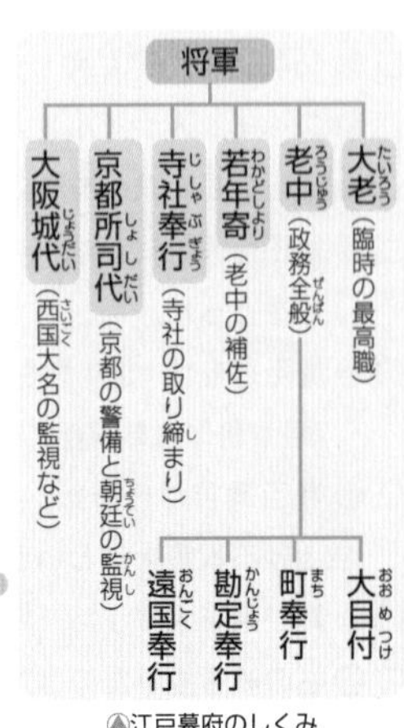

△江戸幕府のしくみ

知っておきたい　武家諸法度に違反した大名は，親藩・譜代大名でも厳しい処分を受けた。

得点UP!
- 江戸幕府の大名統制のしくみを理解する。
- 鎖国までの流れを整理する。

② 対外政策とキリスト教 ★★★

❶ **朱印船貿易**…**徳川家康**が奨励。外国への渡航を許可する**朱印状**をもつ船が東南アジアを中心に貿易を行い，各地に**日本町**ができる。

❷ 鎖国への歩み

- 1612 年，幕領に禁教令→のちにキリスト教徒発見のために**絵踏**を行う。
- 1613 年，全国に禁教令を出す。
- 1624 年，スペイン船の来航を禁じる。
- 1635 年，朱印船貿易を禁止し，日本人の出入国を禁じる。
- 1637 年，キリスト教徒を中心に**島原・天草一揆**がおこる。
- 1639 年，ポルトガル船の来航を禁じる。
- 1641 年，オランダ商館を長崎の**出島**に移す。

❸ 外交の窓口

- **朝鮮**…**対馬藩**の宗氏の仲立ちで国交を回復。将軍の代がわりごとに**朝鮮通信使**を派遣。
- **琉球**…**薩摩藩**に支配されるが，独立国として，中国とも貿易。
- **蝦夷地**…**松前藩**がアイヌの人々と交易を行う。

入試で注意

Q 幕府が外交を独占し，貿易を統制する体制を何というか。

A 鎖国

▲鎖国下の窓口

- 南蛮貿易→スペイン人・ポルトガル人が日本に来航して行う。
- 朱印船貿易→日本の船が東南アジアなどで貿易を行う。

幕府は長崎で中国（明→清）・オランダとの貿易を独占。オランダはキリスト教の布教を行わなかったので，貿易が許された。

③ 農民の暮らしと農業の進歩 ★★

❶ 百姓…全人口の約 85%を占める。

- 本百姓…土地をもつ百姓。村役人(庄屋〈名主〉，組頭，百姓代など)になって村の自治を行い，年貢を徴収。
- 水のみ百姓…土地をもたない百姓。

❷ 五人組…百姓が年貢納入や犯罪の防止に対して連帯責任を負う制度。

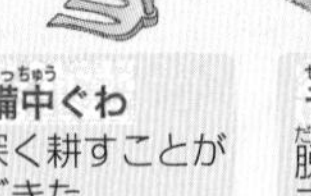

🔺農具の改良

④ 都市と交通 ★★

❶ 陸上交通…江戸を起点に東海道・中山道・甲州道中・奥州道中・日光道中(**五街道**)が整備される。

❷ 海上交通…物資の輸送を行う。

- **西廻り航路**…東北・北陸の年貢米を大阪に運ぶ。
- **東廻り航路**…東北・北陸の年貢米を江戸に運ぶ。
- 大阪・江戸間…**菱垣廻船**・**樽廻船**が往復。

❸ 三都…江戸，大阪，京都の発展。

🔺江戸時代の交通

⑤ 商業の発達 ★★★

❶ 蔵屋敷…諸藩が年貢米や特産物を販売するため，「**天下の台所**」とよばれた大阪に置く。

❷ 株仲間…商人が結成する同業者組合。幕府や藩に税を納めて，営業を独占する権利を得る。

❸ 両替商…金・銀の交換や金貸し。

🔺蔵屋敷

最重要年代 暗記

ポルトガル **一路御国**(いちろみくに) へ 帰国した
1 6 3 9

1639 年，江戸幕府がポルトガル船の来航を禁じ，南蛮貿易が終わる。

入試直前確認テスト

次の問いに答えなさい。また，(　)にあてはまる語句を答えなさい。

□ ❶ 1600年，徳川家康(とくがわいえやす)の率いる東軍が，石田三成(いしだみつなり)の率いる西軍に勝利した戦いを何というか。

□ ❷ ❶の戦いのころから徳川氏に従うようになった大名(だいみょう)を何というか。

□ ❸ 1615年，幕府は(　　)という法律を定め，大名が許可なく城を修理したり，無断で結婚(けっこん)することを禁止した。

□ ❹ ❸に1635年に追加された，大名の妻子を江戸に置き，1年おきに江戸と領国を往復させることを定めた制度を何というか。

□ ❺ 渡航(とこう)の許可証をもつ日本の貿易船が，東南アジアなどで行った貿易を何というか。

□ ❻ 1637年，九州でキリスト教徒への迫害(はくがい)や重い年貢(ねんぐ)の取り立てなどに苦しんだ人々によって，(　　)がおこった。

□ ❼ 右のようなキリスト像などを使って，キリスト教徒を見つけ出す政策を何というか。

□ ❽ 1639年以降，(　　)がヨーロッパの国で唯一(ゆいいつ)，幕府に貿易を許可された。

□ ❾ 幕府による禁教や外交独占(どくせん)，貿易統制の政策を何というか。

□ ❿ 幕府は百姓(ひゃくしょう)に対し(　　)をつくらせ，犯罪防止と年貢の納入に共同責任を負わせた。

□ ⓫ 深く耕すために開発された右の農具を何というか。

□ ⓬ 諸藩(しょはん)は年貢米や特産物を販売(はんばい)するために，大阪に(　　)を置いた。

□ ⓭ 幕府の許可を得て営業を独占した同業者組合を何というか。

❶ 関ヶ原(せきがはら)の戦い　❷ 外様大名(とざまだいみょう)　❸ 武家諸法度(ぶけしょはっと)　❹ 参勤交代
❺ 朱印船貿易(しゅいんせんぼうえき)　❻ 島原(しまばら)・天草一揆(あまくさいっき)　❼ 絵踏(えふみ)　❽ オランダ
❾ 鎖国(さこく)　❿ 五人組　⓫ 備中(びっちゅう)ぐわ　⓬ 蔵屋敷(くらやしき)　⓭ 株仲間

part 2 歴史

月　日

16. 幕府政治の展開

年表・図解チェック

時代	中国	年代	おもなできごと・文化
江戸時代	清	1680	徳川綱吉が5代将軍となる
		1709	正徳の治（新井白石）
		1716	享保の改革（徳川吉宗）（～45）
		1772	田沼意次が老中となる
		1782	天明のききんがおこる（～87）
		1787	寛政の改革（松平定信）（～93）
		1792	ラクスマンが根室に来る
		1825	異国船打払令が出される
		1837	大塩の乱がおこる
		1840	アヘン戦争（清）（～42）
		1841	天保の改革（水野忠邦）（～43）

元禄文化
- 上方中心
- 人形浄瑠璃（近松門左衛門）
- 俳諧（松尾芭蕉）

化政文化
- 江戸中心
- 浮世絵（歌川広重・葛飾北斎）

① 享保の改革 ★★★

徳川吉宗

❶ 8代将軍**徳川吉宗**による質素・倹約の政策。

❷ おもな政策

- **公事方御定書**…裁判の基準を定める。
- **目安箱**…庶民の意見を聞く。
- **上米の制**（参勤交代をゆるめるかわりに，大名に米を差し出させる。）

❸ 財政は一時的に立ち直る。

② 老中田沼意次の政治 ★★★

田沼意次

❶ 商人の経済力を積極的に利用→わいろが横行。

❷ おもな政策

- **株仲間**の奨励。
- 長崎での貿易を活発化。
- 印旛沼（千葉県）の干拓。

❸ **天明のききん**で**百姓一揆**や**打ちこわし**が多発し，失脚。

- 三大改革と田沼意次の政治の特徴を整理する。
- 元禄文化と化政文化の特徴を整理してまとめておく。

③ 寛政の改革 ★★

松平定信

❶ 老中松平定信(徳川吉宗の孫)による質素・倹約の政策。

❷ おもな政策

- 囲米(ききんに備えて米を蓄えさせる)。
- 朱子学を奨励。
- 旗本・御家人の借金帳消し。

❸ 厳しい内容であったので，人々の反感を買う。

④ 外国船の出現と大塩の乱 ★★

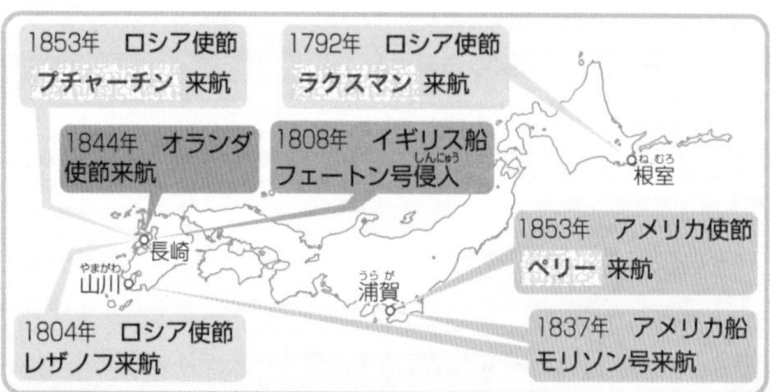

18世紀から19世紀中ごろの外国船の出現

❶ 異国船打払令(1825年)…日本に近づく外国船を砲撃する命令。

❷ 蛮社の獄(1839年)…幕府を批判した高野長英・渡辺崋山が処罰される。

❸ アヘン戦争の結果…幕府は異国船打払令を改め，薪水給与令を出す。

❹ 大塩の乱…元大阪町奉行所役人の大塩平八郎が，天保のききんに苦しむ人々を見かねておこした乱。元役人による反乱に，幕府は衝撃を受ける。

⑤ 天保の改革 ★★

水野忠邦

❶ 老中水野忠邦による緊縮財政(倹約)政策。

❷ おもな政策

- 株仲間の解散。
- 上知令…江戸・大阪周辺の土地を幕領にしようとしたが，大名や旗本の反対にあい，失脚。

⑥ 元禄文化 ★★

❶ 特色…上方(京都・大阪)中心の町人による文化。

❷ 文学…**浮世草子**—**井原西鶴**，**人形浄瑠璃**の脚本—**近松門左衛門**，俳諧(俳句)—**松尾芭蕉**。

❸ 絵画…装飾画—尾形光琳，**浮世絵**—菱川師宣。

⑦ 新しい学問 ★★★

❶ 国学…『古事記伝』を著した**本居宣長**が大成する。

❷ 蘭学…**杉田玄白**らがオランダ語の解剖書を翻訳し，**『解体新書』**として出版する。**伊能忠敬**が全国の海岸線を測量し，正確な日本地図をつくる。

❸ 教育…人材を育成するために，諸藩が**藩校**を設置。庶民の子どもは**寺子屋**で「読み・書き・そろばん」を学ぶ。

入試で注意

Q 尊王攘夷運動に影響を与えた学問は何か。

↓

A 国学

⑧ 化政文化 ★★

❶ 特色…江戸の町人が中心の，皮肉やこっけいを好む文化。

❷ 文学…こっけい本—十返舎一九，俳諧—与謝蕪村や小林一茶。

● **川柳**や**狂歌**で幕府を批判。

❸ 絵画…浮世絵で多色刷りの**錦絵**が広まる。

● 風景画…**歌川広重**・**葛飾北斎**。

● 美人画…喜多川歌麿。 ● 役者絵…東洲斎写楽。

Ⓐ浮世絵

最重要年代暗記

ひと みな
人は皆 心で応援 大塩の乱
1 8 37

1837年，元町奉行所の役人大塩平八郎は大阪で乱をおこしたが，失敗した。

入試直前確認テスト

次の問いに答えなさい。また，（　）にあてはまる語句を答えなさい。

□ ❶ 8 代将軍徳川吉宗が行った政治改革を何というか。

□ ❷ ❶の改革で，裁判の基準となる(　　)が定められた。

□ ❸ 18 世紀後半に，商人の経済力を利用して積極的な財政政策をとった老中はだれか。

□ ❹ 寛政の改革を行った老中はだれか。

□ ❺ ❹の人物が奨励した，儒学の一派である学問を何というか。

□ ❻ 1825 年，日本に近づく外国船を砲撃することを命じた(　　)が定められた。

□ ❼ 1837 年，大阪で元大阪町奉行所の役人が窮民の救済のためにおこした反乱を何というか。

□ ❽ 老中の水野忠邦が行った政治改革を何というか。

□ ❾ 江戸時代前期に，京都や大阪を中心とする上方で栄えた町人による文化を何というか。

□ ❿ 現実におこったできごとを題材にした人形浄瑠璃の脚本で人気を集めたのはだれか。

□ ⓫ 前野良沢らと『解体新書』を出版したのはだれか。

□ ⓬ 幕府の支援を受け，ヨーロッパの技術で各地の海岸線を測量し，正確な日本地図をつくったのはだれか。

□ ⓭ 右のような多色刷りの浮世絵を(　　)という。

□ ⓮ 右の絵を描いた絵師はだれか。

❶ 享保の改革　❷ 公事方御定書　❸ 田沼意次　❹ 松平定信
❺ 朱子学　❻ 異国船打払令　❼ 大塩の乱　❽ 天保の改革
❾ 元禄文化　❿ 近松門左衛門　⓫ 杉田玄白　⓬ 伊能忠敬
⓭ 錦絵　⓮ 葛飾北斎

月　日

17. ヨーロッパの近代化と日本の開国

年表・図解チェック

時代	中国	年代	おもなできごと
江戸時代	明	1642	**ピューリタン革命**(イギリス)(～49)
	清	1688	**名誉革命**(イギリス)
		1775	**アメリカ独立戦争**(アメリカ)(～83)
			● **産業革命**(イギリスから始まる)
		1789	**フランス革命**(フランス)
		1840	アヘン戦争(清とイギリス)(～42)
		1854	**日米和親条約**
		1858	日米修好通商条約
		1861	**南北戦争**(アメリカ)(～65)
		1867	**大政奉還**, **王政復古の大号令**

① 市民革命 ★★

❶ イギリス…名誉革命―**権利章典**

●立憲君主制や議会政治が確立する。

❷ アメリカ…独立戦争―**(アメリカ)独立宣言**

●大統領制が確立する。

●合衆国憲法を制定する。

❸ フランス…**フランス革命**―**(フランス)人権宣言**

●人間の自由と平等, 人民主権を唱える。

▲革命前のフランスを風刺した絵

② 産業革命 ★★

❶ 産業革命…18 世紀後半, **イギリス**で蒸気機関で動く機械が使用され, 安く, 大量に綿製品を生産することが可能になる。その後, イギリスは「世界の工場」とよばれ, 社会のしくみは大きく変化する。

❷ 資本主義…経営者(**資本家**)が賃金をもらって働く人々(**労働者**)を雇い, 利益を追求して自由に競争するしくみ→生活は便利になったが貧富の差が拡大→資本主義を批判する考え(**社会主義**)も広まる。

- 市民革命とそのときに出された宣言を覚える。
- 日本の開国から大政奉還までの流れを整理する。

③ アジア侵略 ★★

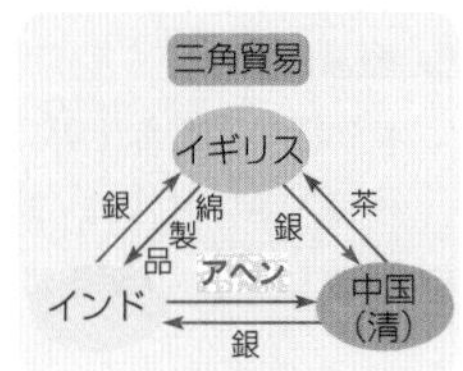

△三角貿易

❶ 工業製品の市場を求めて，欧米諸国はアジアに進出。

❷ 中国(清)

- **三角貿易**…イギリス，インド，清で行われる。
- **アヘン戦争**の結果，清にとって不平等な**南京条約**をイギリスと結ぶ。
- 南京条約…清は上海などの５つの港を開港し，イギリスに香港を譲りわたす。また，多くの賠償金を支払う。この翌年に，イギリスに**領事裁判権(治外法権)**を認め，清に**関税自主権**がない不平等条約も結ぶ。
- 不満をもった中国の民衆により**太平天国の乱**がおこる。

❸ インド

- **インド大反乱**をしずめたイギリスはインドを植民地支配の拠点とする。

④ 開　国 ★★★

❶ 1853 年，アメリカ大統領の国書をもった**ペリー**が浦賀に来航，開国を要求する。

❷ **日米和親条約**(1854 年)

- **下田**・**函館**で食料・燃料・水の補給。
- 下田に領事を配置。

❸ **日米修好通商条約**(1858 年)

丸暗記

- 大老**井伊直弼**が朝廷の許可なく締結。
- 神奈川(横浜)・兵庫(神戸)・長崎・函館・新潟の５港で貿易。
- 日本にとって不平等な内容。
  →**領事裁判権(治外法権)**を認める。
  →**関税自主権**がない。
- イギリス・フランス・ロシア・オランダともほぼ同じ内容の条約を締結する。

函館(両方の条約で開港)
新潟
神奈川(横浜)
長崎
兵庫(神戸)
下田

∘日米和親条約で開港した港
∘日米修好通商条約で開港した港
※日米修好通商条約の締結により下田は閉鎖。

△開港地

5 開国の影響 ★

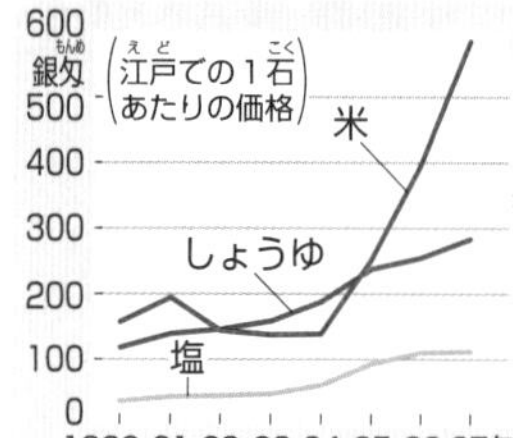

▲物価の上昇

❶ 最大の貿易港は**横浜**。**イギリス**との貿易が中心。輸出品の8割以上が**生糸**。

❷ 経済の混乱

● 物価の急激な上昇。

● 輸入品におされ，綿織物工業に打撃。

❸ **世直し一揆**・**「ええじゃないか」**が広がる。

6 倒幕運動 ★★★

❶ 尊王攘夷運動…天皇を尊び，外国の勢力を排除しようという運動。

● 大老の井伊直弼が弾圧(安政の大獄)→井伊直弼はのちに暗殺される(**桜田門外の変**)。

● **薩摩藩**…薩英戦争でイギリスの攻撃を受ける。

● **長州藩**…関門海峡で外国船を砲撃するが，四国連合艦隊に下関砲台を占領される。

} 攘夷が不可能と知る。

❷ 薩長同盟(1866年)…土佐藩出身の**坂本龍馬**らが仲介した同盟。

● 薩摩藩…**西郷隆盛**・**大久保利通**

● 長州藩…**木戸孝允**

❸ 大政奉還(1867年)…15代将軍**徳川慶喜**が政権を朝廷に返還。

❹ 王政復古の大号令(1867年)

天皇を中心とする政府の樹立を宣言する。

入試で注意

Q 1868年から1869年まで続いた新政府軍と旧幕府軍の戦いを何というか。

↓

A 戊辰戦争

最重要年代暗記

いや で ござ んす ペリーさん
(いや＝18, ござ＝53)

1853年，アメリカ大統領の国書をもったペリーが浦賀に来航し，開国を迫った。

入試直前確認テスト

次の問いに答えなさい。また，（　）にあてはまる語句を答えなさい。

- □ ❶ イギリスで立憲君主制や議会政治が確立した革命を何というか。
- □ ❷ フランス革命で，自由・平等などを唱えた（　　）が発表された。
- □ ❸ 世界で初めて産業革命がおこった国はどこか。
- □ ❹ 産業革命後，資本家が労働者を雇(やと)い，利益を追求して自由に競争する社会のしくみができた。これを何というか。
- □ ❺ 1840年におこったイギリスと清(しん)の戦争を何というか。
- □ ❻ 1853年,（　　）は浦賀(うらが)に来航し，江戸(えど)幕府に開国を要求した。
- □ ❼ 1854年，アメリカとの間に下田(しもだ)と函館(はこだて)を開港することを定めた（　　）が結ばれた。
- □ ❽ 1858年，日米修好通商条約を結んだ大老(たいろう)はだれか。
- □ ❾ 日米修好通商条約の不平等な内容を2点答えよ。
- □ ❿ 日米修好通商条約で開港した5港のうち，（　　）が最も貿易額が大きかった。
- □ ⓫ 天皇を尊び，外国の勢力を排除(はいじょ)しようとした運動を何というか。
- □ ⓬ 右の地図中のXで外国船を砲撃(ほうげき)し，砲台を四国連合艦隊(かんたい)に占領(せんりょう)された藩(はん)を何というか。
- □ ⓭ ⓬の藩と同盟を結び，倒幕(とうばく)運動の中心となった藩を何というか。
- □ ⓮ 大政奉還(たいせいほうかん)を行った将軍はだれか。
- □ ⓯ 大政奉還後の旧幕府軍と新政府軍の戦いを何というか。

❶ 名誉(めいよ)革命　❷（フランス）人権宣言　❸ イギリス

❹ 資本主義　❺ アヘン戦争　❻ ペリー　❼ 日米和親条約

❽ 井伊直弼(いいなおすけ)

❾（例）領事裁判権（治外法権）を認めた。・（例）関税自主権がなかった。

❿ 横浜(よこはま)　⓫ 尊王攘夷(そんのうじょうい)運動　⓬ 長州(ちょうしゅう)藩　⓭ 薩摩(さつま)藩

⓮ 徳川慶喜(とくがわよしのぶ)　⓯ 戊辰(ぼしん)戦争

月　日

18. 近代日本の歩み

年表・図解チェック

時代	中国	年代	おもなできごと・文化
明治時代	清	1868	**五箇条の御誓文**
		1869	**版籍奉還**
		1871	**廃藩置県**
		1873	**徴兵令，地租改正**
			● **自由民権運動**，国境の画定
		1885	内閣制度ができる
		1889	大日本帝国憲法発布
		1890	第一回帝国議会
		1894	**日清戦争→下関条約**(95)
		1904	**日露戦争→ポーツマス条約**(05)
		1910	**韓国併合**

文明開化
- 太陽暦
- 鉄道・郵便制度
- ガス灯・洋服
- 『学問のすゝめ』(福沢諭吉)

① 明治維新 ★★

❶ 五箇条の御誓文…近代国家をめざし，新しい政治の方針を定める。

❷ 版籍奉還…藩主に土地(版)と人民(籍)を朝廷に返還させる。

❸ 廃藩置県…藩を廃止し，県を置き，県令(のちの県知事)や府知事を政府から派遣。薩摩・長州・土佐・肥前の出身者を中心とした**藩閥政府**。

② 富国強兵 ★★★

❶ 学制…満6歳以上の男女に小学校教育を受けさせる。

❷ 地租改正…地券を発行し，**地価の3%**を土地所有者に税金として現金で納めさせる→財政が安定。

△地券

❸ 徴兵令…満20歳以上の男子に3年間の兵役の義務を定める→近代的な軍隊を組織。

❹ 殖産興業…渋沢栄一らの尽力により群馬県の富岡製糸場など**官営模範工場**を建設する。外国の技術を導入。

- 自由民権運動から第一回帝国議会までの流れを理解する。
- 日清戦争と日露戦争を比較し，条約の内容を確認する。

③ 自由民権運動と国会開設 ★★★

❶ 自由民権運動…**板垣退助**らが中心となって盛んになった，言論による藩閥政府への批判。

- **民撰議院設立の建白書**(1874 年)
- 国会期成同盟(1880 年)

→国民の政治参加を求める。

入試で注意

Q 藩閥政治への最大・最後の不平士族の反乱を何というか。

↓

A 西南戦争

❷ 国会開設の勅諭(1881 年)

10 年後の国会開設を約束。

- 政党の結成
  - **自由党**→板垣退助が党首。フランス流で急進的。
  - **立憲改進党**→大隈重信が党首。イギリス流で穏健。
- 政府は伊藤博文らを憲法調査のためにヨーロッパに派遣。

❸ 内閣制度(1885 年)…初代内閣総理大臣(首相)に**伊藤博文**。

❹ 大日本帝国憲法(1889 年)…天皇主権。国民(臣民)には兵役の義務。

❺ 第一回帝国議会(1890 年)

- 貴族院と衆議院の二院制…衆議院議員のみ選挙で選出。
- 直接国税を 15 円以上納める満 25 歳以上の男子に選挙権。

④ 条約改正 ★★

❶ 岩倉使節団(1871 ～ 73 年)…欧米視察を行う。条約改正予備交渉は失敗。

❷ 井上馨…鹿鳴館での舞踏会など**欧化政策**を行いつつ，改正交渉→失敗。

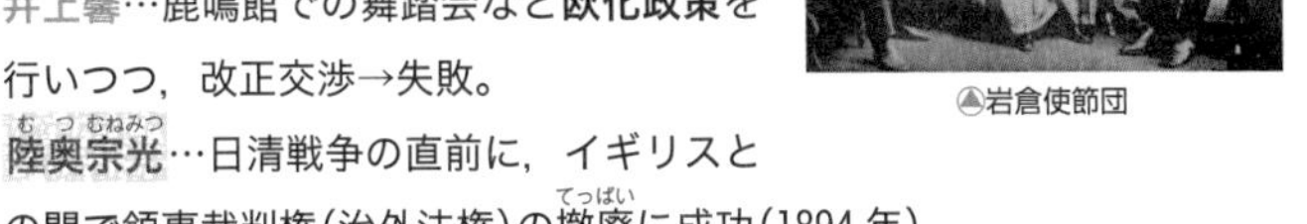

Ⓐ岩倉使節団

❸ **陸奥宗光**…日清戦争の直前に，イギリスとの間で領事裁判権(治外法権)の撤廃に成功(1894 年)。

❹ **小村寿太郎**…アメリカとの間で関税自主権の完全回復に成功(1911 年)。

Check!

- 陸奥宗光→領事裁判権の撤廃・下関条約の締結。
- 小村寿太郎→関税自主権の完全回復・ポーツマス条約締結。

⑤ 日清戦争 ★★★

❶ 朝鮮でおこった**甲午農民戦争**(1894 年)がきっかけ。

△日清戦争直前のようすを風刺した絵

❷ 下関条約(1895 年)

- 清は朝鮮が独立国だと承認。
- 清は賠償金 2 億両を日本に支払う。
- 清は遼東半島・台湾・澎湖諸島を日本に譲る。

❸ 三国干渉…**ロシア**がフランス・ドイツとともに，**遼東半島**の清への返還を要求。日本は遼東半島を清に返還。

⑥ 日露戦争 ★★★

❶ **義和団事件**(1900 年)後もロシアの軍隊が満州(中国東北部)にとどまる。

△日露戦争直前のようすを風刺した絵

❷ 日英同盟(1902 年)…ロシアの南下政策をけん制。

❸ 世論は開戦論を支持，戦争が開始(1904 年)。内村鑑三・幸徳秋水らは反対。

❹ ポーツマス条約(1905 年)…アメリカの仲立ちで講和会議。

- ロシアは韓国での日本の優位を認める。
  →日本は韓国を植民地として併合する(1910 年)。
- ロシアは遼東半島の旅順・大連の租借権，長春以南の鉄道利権を日本に譲る。
- ロシアは樺太の南半分を日本に譲る。
  →負担や犠牲が大きかったうえ，賠償金がなかったため国民の不満は高まる(日比谷焼き打ち事件)。

最重要年代 暗記

日暮れに 結んだ 日英同盟
1 9 0 2

ロシアの南下政策に対抗し，1902 年に日本とイギリスの間で日英同盟が結ばれた。

入試直前確認テスト

次の問いに答えなさい。また，（　）にあてはまる語句を答えなさい。

□ ❶ 地価の 3%を土地所有者が税として金納する税制改革を何というか。

□ ❷ 満 20 歳以上の男子に 3 年間の兵役の義務を課した（　　）が❶と同じ年に出された。

□ ❸ 明治時代初期に，都市部に西洋文明が流入し，生活様式が変化したことを何というか。

□ ❹ 板垣退助らが中心となっておこした，国民が政治に参加する権利を求めた言論による運動を何というか。

□ ❺ 初代内閣総理大臣に就任したのはだれか。

□ ❻ 1889 年に天皇が国民に与えるという形で発布された憲法を何というか。

□ ❼ 1889 年に選挙権を与えられた人々には，どのような条件があったか。

□ ❽ 日清戦争開戦直前の 1894 年に，領事裁判権（治外法権）の撤廃に成功した外務大臣はだれか。

□ ❾ 日清戦争の講和条約を何というか。

□ ❿ 右の地図のXは，❾によって日本が台湾・澎湖諸島とともに清から譲り受けた半島である。この半島の名を答えよ。

□ ⓫ Xの半島の清への返還を日本に求めた三国の国名をすべて答えよ。

□ ⓬ 日露戦争の講和条約を何というか。

□ ⓭ ⓬の講和条約の内容を不服として，国民は（　　）をおこした。

解答

❶ 地租改正　❷ 徴兵令　❸ 文明開化　❹ 自由民権運動
❺ 伊藤博文　❻ 大日本帝国憲法
❼（例）直接国税を 15 円以上納める満 25 歳以上の男子。
❽ 陸奥宗光　❾ 下関条約
❿ 遼東半島　⓫ ロシア・ドイツ・フランス
⓬ ポーツマス条約　⓭ 日比谷焼き打ち事件

月　日

19. 二度の世界大戦と日本

年表・図解チェック

時代	中国	年代	おもなできごと・文化
大正時代	中華民国	1914	第一次世界大戦が始まる(～ 18)
		1917	**ロシア革命**がおこる
		1925	**治安維持法**，**普通選挙法**制定
昭和時代		1929	**世界恐慌**がおこる
		1931	**満州事変**がおこる
		1932	**五・一五事件**
		1936	**二・二六事件**
		1937	日中戦争が始まる(～ 45)
		1939	第二次世界大戦が始まる(～ 45)
		1941	太平洋戦争が始まる(～ 45)
		1945	ポツダム宣言の受諾

大正デモクラシー
- 民本主義
- 青鞜社
- 全国水平社
- プロレタリア文学

① 第一次世界大戦 ★★

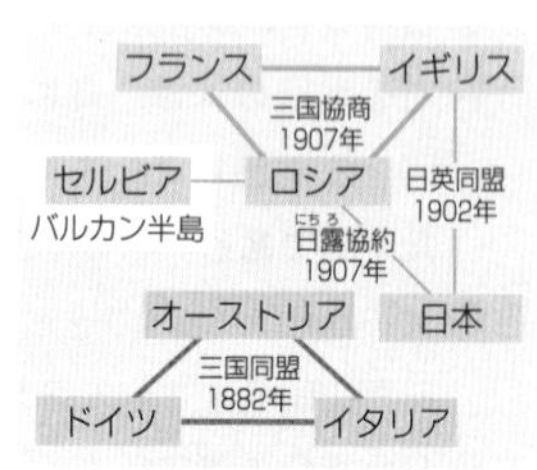

▲帝国主義の対立

❶ サラエボ事件…オーストリアの皇太子夫妻が，セルビア人に暗殺された事件。第一次世界大戦が始まるきっかけ。

❷ ヨーロッパがおもな戦場。

❸ 新たな兵器として戦車や飛行機などが登場。植民地も巻きこむ**総力戦**となる。

❹ 日英同盟を理由に日本も参戦…目的は中国への進出。日本は中国に**二十一か条の要求**を示し，大部分を認めさせる。

❺ **レーニン**の指導による**ロシア革命**がおき，ロシアはドイツと単独で講和→資本主義の諸国は，社会主義の広がりを恐れて**シベリア出兵**を行うが失敗→**ソビエト社会主義共和国連邦(ソ連)**の誕生(1922 年)。

❻ アメリカの参戦をきっかけにドイツは降伏。**ベルサイユ条約**によって植民地を失い，多額の賠償金や軍備縮小を課される。

- 世界恐慌後の各国の経済対策を整理する。
- 満州事変から太平洋戦争までの流れを理解する。

② 国際協調の動き ★★

❶ 国際連盟…アメリカのウィルソン大統領の提案による国際組織。

- 日本も常任理事国となる。
- アメリカは議会の反対で不参加。

❷ ワシントン会議…海軍の主力艦の保有量の制限，中国の独立と領土の保全，太平洋の現状維持などを確認。

Check!

- 三・一独立運動→朝鮮の日本からの独立運動。
- 五・四運動→二十一か条の要求に対する中国の反日運動。

③ 大正デモクラシー ★★★

❶ 第一次護憲運動…藩閥政府を倒し，憲法に基づく政治をめざす。このころ吉野作造の**民本主義**が広まる。

❷ 富山県から始まった米の安売り要求が全国に拡大し，**米騒動**となる。

❸ 原敬内閣…米騒動後に本格的な**政党内閣**が誕生。

❹ おもな社会運動

- 労働者…**労働争議**
- 小作農…**小作争議**
- 部落差別…**全国水平社**
- 女性…青鞜社（**平塚らいてう**）

❺ **普通選挙法**の成立（1925 年）…**満 25 歳以上のすべての男子**に選挙権が与えられるが，同時に共産主義の動きを取り締まる**治安維持法**も制定される。

億円 20 / 10 / 0 — 輸出・輸入 — 第一次世界大戦 — 1914 16 18 20 22年

（「明治以降本邦主要経済統計」）

▲日本の貿易額の推移

④ 世界恐慌と各国の対策 ★★★

❶ 1929 年，アメリカで株価が大暴落し，世界中が不景気となる。

❷ 各国の対策

- アメリカ…**ニューディール（新規まき直し）**（公共事業・生産調整）
- イギリス・フランス…**ブロック経済**（植民地以外の商品に高い関税）
- ソ連…「五か年計画」という計画経済により恐慌の影響を受けず。
- ドイツ・イタリア…**ファシズム**（全体主義）が台頭する。

⑤ 日本の中国進出 ★★★

❶ 満州事変…関東軍が南満州鉄道を爆破する(柳条湖事件)。

❷ 満州国建国→国際連盟が承認せず，日本は国際連盟を脱退。

❸ 日中戦争(1937 年)…北京郊外で日中両軍が衝突したこと(盧溝橋事件)をきっかけに始まる。

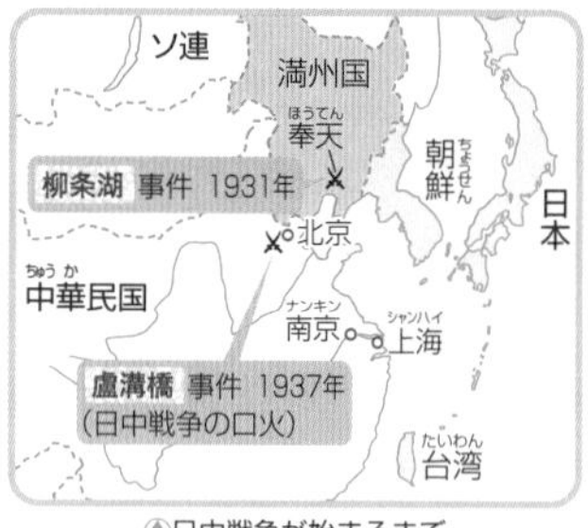

▲日中戦争が始まるまで

❹ 戦時体制…国家総動員法・大政翼賛会・物資の配給制。

Check!

- 五・一五事件→海軍将校らが犬養毅首相を暗殺。政党内閣が終わる。
- 二・二六事件→陸軍将校が東京中心部を占拠。軍部の力が強まる。

⑥ 第二次世界大戦 ★★

❶ **ヒトラー**の率いるナチス・ドイツがポーランドに侵攻し，開戦。

❷ 日本は**日独伊三国同盟**(1940 年)によって，軍事協力を行う。

⑦ 太平洋戦争 ★★★

❶ 1941 年 12 月 8 日，ハワイの**真珠湾**とマレー半島を攻撃し，開戦。

❷ 日本はミッドウェー海戦の敗戦以降，勢いを失う。

❸ 国民の動員…大学生の**学徒出陣**，女学生・中学生の**勤労動員**，都市の小学生の**集団疎開(学童疎開)**が行われる。

❹ 戦争の終結(1945 年)…**広島**に**原子爆弾**投下(8 月 6 日)→ソ連の対日参戦(8 月 8 日)→**長崎**に原爆投下(8 月 9 日)→**ポツダム宣言**受諾を発表(8 月 15 日)

最重要年代 暗記

中国と **戦長**(193 7) 引く 盧溝橋

1937 年の盧溝橋事件から始まった日中戦争は，1945 年まで続いた。

入試直前確認テスト

次の問いに答えなさい。また，（　）にあてはまる語句を答えなさい。

□ ❶ 第一次世界大戦のきっかけとなった事件を何というか。

□ ❷ 第一次世界大戦に日本は(　　)を理由に参戦した。

□ ❸ 第一次世界大戦後設立された，世界平和と国際協調のための国際機関を何というか。

□ ❹ 1918 年に日本で本格的な政党内閣を組織したのはだれか。

□ ❺ 吉野作造が唱えた，大日本帝国憲法のもとで民衆の政治参加を求める主張を何というか。

□ ❻ 普通選挙法と同時に制定された，共産主義の動きを取り締まる法律を何というか。

□ ❼ 世界恐慌後の景気回復の対策として，アメリカが行った政策を何というか。

□ ❽ ナチスを率いてドイツで独裁政治を行った右の人物はだれか。

□ ❾ 南満州鉄道爆破事件をきっかけに(　　)がおこった。

□ ❿ 陸軍将校が警視庁や首相官邸を襲撃した事件を何というか。

□ ⓫ 1938 年，政府が議会の承認なしに国民や物資を動員できる(　　)が定められた。

□ ⓬ 日本が，アメリカの海軍基地があったハワイの(　　)や，イギリス領のマレー半島を攻撃したことで，太平洋戦争が始まった。

□ ⓭ 1945 年に日本に無条件降伏をすすめた文書を何というか。

❶ サラエボ事件　❷ 日英同盟　❸ 国際連盟　❹ 原敬
❺ 民本主義　❻ 治安維持法
❼ ニューディール(新規まき直し)
❽ ヒトラー　❾ 満州事変　❿ 二・二六事件　⓫ 国家総動員法
⓬ 真珠湾　⓭ ポツダム宣言

月　日

20. 現代の日本と世界

年表・図解チェック

時代	中国	年代	おもなできごと
昭和時代	中華民国	1945	国際連合(国連)の設立
			●ＧＨＱによる日本の民主化，**冷たい戦争(冷戦)**の開始
		1946	**日本国憲法**の公布
	中華人民共和国（台湾）	1950	**朝鮮戦争**が始まる(～53)→警察予備隊がつくられる
		1951	サンフランシスコ平和条約，**日米安全保障条約**
		1956	日ソ共同宣言→日本の国際連合加盟
		1972	**沖縄の日本復帰**，日中共同声明
		1978	日中平和友好条約
		1989	冷戦の終結(マルタ会談)
平成時代		1995	阪神・淡路大震災
		2011	東日本大震災
令和時代		2020	新型コロナウイルス感染症の感染拡大

① 戦後の民主化 ★★★

❶ **マッカーサー**を総司令官とした**連合国軍最高司令官総司令部(ＧＨＱ)**による間接統治が行われる。

❷ 非軍事化…軍隊の解散，戦争責任の追及(**極東国際軍事裁判**〈東京裁判〉)。

❸ 民主化

- **普通選挙法改正**…満 20 歳以上のすべての男女に選挙権。
- **財閥解体**…日本経済を支配してきた財閥を解体。
- **日本国憲法の制定**…**国民主権，基本的人権の尊重，平和主義**
- **農地改革**…地主のもつ小作地を政府が買い上げ，小作人に安く売り渡す→自作農の増加。

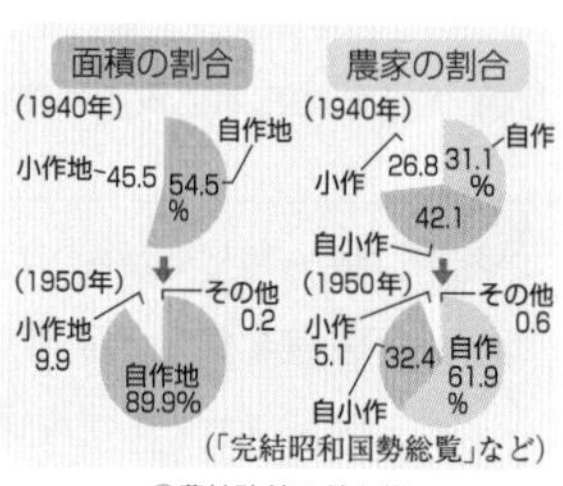

△農地改革の前と後

得点UP!
- GHQによる民主化政策の内容を整理する。
- 日本の国際社会復帰と国交回復についてまとめる。

② 国際連合と冷たい戦争 ★★

国際連盟と国際連合をまちがえないようにね!

❶ 国際連合…世界の平和と安全の維持をめざす目的で，1945 年 10 月に設立。
- 本部…アメリカのニューヨーク
- 原加盟国…51 か国
- **安全保障理事会**…常任理事国はアメリカ・イギリス・フランス・ソ連・中国で，拒否権をもつ。

❷ 冷たい戦争（冷戦）…アメリカ・ソ連が対立。
- **西側陣営**…アメリカを中心とする資本主義諸国。
  →北大西洋条約機構（NATO）を組織。
- **東側陣営**…ソ連を中心とする共産主義諸国。
  →ワルシャワ条約機構を組織。

（集団安全保障体制）

❸ ドイツ…東西に分かれて独立し，ベルリンには壁が築かれる。

❹ 中国…1949 年，毛沢東の共産党が**中華人民共和国**を建国。

❺ 朝鮮…1950 年に**朝鮮戦争**が始まる。韓国をアメリカ中心の国連軍，北朝鮮を中国義勇軍が支援。1953 年に北緯 38 度線を境界に休戦。

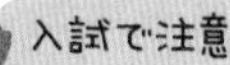
入試で注意

Q 1950 年に日本経済が回復のきざしをみせたのはなぜか。

A （例）朝鮮戦争の軍需物資が日本で調達されたから。

③ 日本の独立回復 ★★★

❶ 1950 年，GHQ の指示で**警察予備隊**がつくられる→ 1954 年，**自衛隊**。

❷ **サンフランシスコ平和条約**

丸暗記
- 1951 年，**吉田茂**内閣によって，48 か国との講和が実現。独立の回復。ソ連は調印を拒否し，中国は講和会議に招かれず。
- 同時に**日米安全保障条約**が結ばれる。→西側陣営の一員となる。占領終了後もアメリカ軍基地は日本国内に残る。

Ⓐ調印する吉田茂首相

④ 国際社会への復帰と国交回復 ★★★

❶ ソ連…**日ソ共同宣言**(1956 年・鳩山一郎内閣)→国際連合に加盟。
❷ 韓国…**日韓基本条約**(1965 年・佐藤栄作内閣)
❸ 中国…**日中共同声明**(1972 年・田中角栄内閣)
　　　日中平和友好条約(1978 年・福田赳夫内閣)

⑤ 高度経済成長 ★★

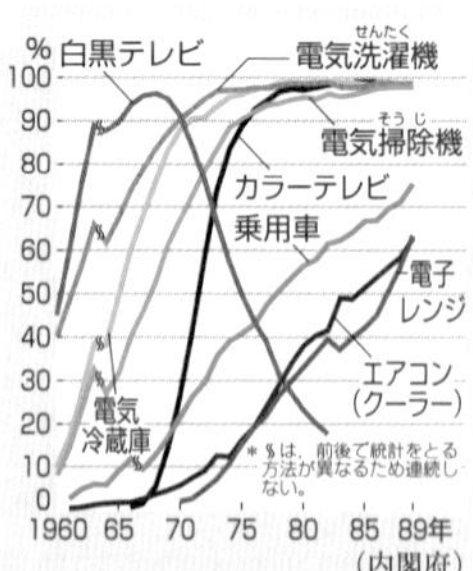

▲電化製品の普及

❶ 所得倍増計画…池田勇人内閣がかかげる。
❷ 日本の国民総生産(ＧＮＰ)…1968 年，資本主義国の中で第２位となる。
❸ 国民生活の変化…電化製品や自動車の普及。
❹ 公害問題…四大公害裁判(水俣病・新潟水俣病・四日市ぜんそく・イタイイタイ病)，公害対策基本法の制定，環境庁の設置。
❺ 1973 年，**高度経済成長**は，第四次中東戦争をきっかけにおこった**石油危機(オイルショック)**によって終わる。

⑥ 冷戦の終わり ★

❶ ベトナム戦争(1965 ～ 75 年)…アメリカは 1973 年に撤退する。
❷ 1979 年，ソ連がアフガニスタンへ侵攻。軍事費負担でソ連の国力は低下→ 1985 年からゴルバチョフ政権が政治・経済の改革を進めるが成功せず。
❸ 東ヨーロッパの民主化運動(1989 年)→東西ドイツの**ベルリンの壁**の取り壊し→米ソ首脳によるマルタ会談で**冷戦の終結**を宣言→東西ドイツの統一(1990 年)→ソ連の解体(1991 年)。

最重要年代暗記

日中で 平和条約 **得なは**ず
　　　　　　　　19 7 8

日中共同声明後，1978 年に日中平和友好条約が結ばれた。

入試直前確認テスト

次の問いに答えなさい。また，（　）にあてはまる語句を答えなさい。

□ ❶ 第二次世界大戦後，（　　）のマッカーサーの指令に従って，日本の民主化が推し進められた。

□ ❷ それまで，日本経済を支配してきた（　　）が解体された。

□ ❸ 地主の小作地を政府が買い上げ，小作人に安く売り渡(わた)すことで，右のグラフのように自作農を増やした政策を何というか。

面積の割合
(1940年)
小作地 45.5
自作地 54.5%
(1950年)
小作地 9.9
自作地 89.9%
その他 0.2

農家の割合
(1940年)
小作 26.8
自作 31.1%
自小作 42.1
(1950年)
小作 5.1
自小作 32.4
自作 61.9%
その他 0.6

（「完結昭和国勢総覧」など）

□ ❹ 資本主義諸国と共産主義諸国の間でおこった，冷たい戦争（冷戦）とはどのような状態か，簡単に答えよ。

□ ❺ 朝鮮(ちょうせん)戦争がおこった1950年，❶の指示により，日本に（　　）が組織された。

□ ❻ 日本と48か国との間に結ばれた講和条約を（　　）という。

□ ❼ ❻と同時に吉田茂(よしだしげる)首相(しゅしょう)は（　　）条約を結び，アメリカ軍基地は日本国内に残されることになった。

□ ❽ ソ連と国交を正常化した際に取り交わした文書を何というか。

□ ❾ 1950年代から1973年までの，好景気が長く続き，産業が急速に発達したことを何というか。

□ ❿ ❾が終わるきっかけとなった，石油価格が大きく上昇(じょうしょう)したできごとを何というか。

□ ⓫ 1989年，冷戦の象徴(しょうちょう)であった東西ドイツの（　　）が壊(こわ)された。

❶ 連合国軍最高司令官総司令部（GHQ）　❷ 財閥(ざいばつ)
❸ 農地改革　❹（例）戦火を交えないで厳しく対立している状態。
❺ 警察予備隊　❻ サンフランシスコ平和条約
❼ 日米安全保障　❽ 日ソ共同宣言　❾ 高度経済成長
❿ 石油危機（オイルショック）　⓫ ベルリンの壁(かべ)

月　日

21. 現代社会とわたしたちの生活

図解チェック

① 現代社会 ★★

❶ 少子高齢化…現在の日本は，**合計特殊出生**率の低下による少子化と，**平均寿命**ののびによる高齢化が進み，**少子高齢社会**となっている。

- 影響…15 ～ 64 歳の**生産年齢人口**が減少することにより，労働力不足・社会保障制度の見直しが課題である。
- 対策…少子化社会対策基本法，育児介護休業法，介護保険法など。

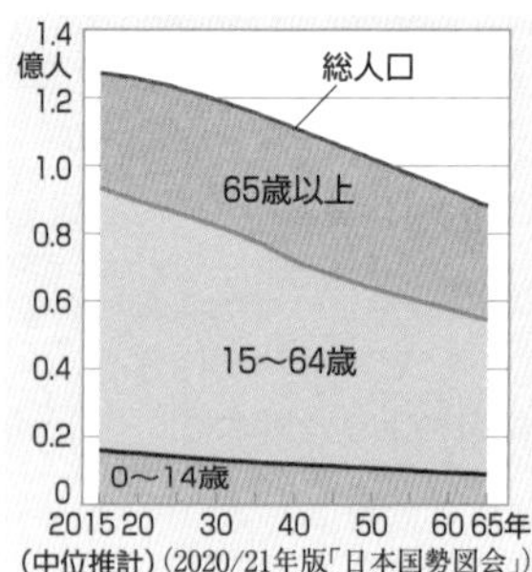

(2020/21年版「日本国勢図会」)

▲将来の人口の推移

歳
80～
75～79
70～74
65～69
60～64
55～59
50～54
45～49
40～44
35～39
30～34
25～29
20～24
15～19
10～14
5～9
0～4
1935年　2019年
男　女
800 600 400 200 0 万人 0 200 400 600 800
(総務省統計局)

▲日本の年齢別人口

(厚生労働省)

▲国民の年金負担

❷ 情報化…**情報通信技術(ICT)**の発達により，情報を大量，高速，広範囲に送受信でき，世界中の人々と情報を共有。**人工知能(AI)**技術の進化やビッグデータ分析による商品開発。

- **問題点**…**個人情報**の流出，不正確な情報の発信。犯罪行為の発生。情報化が進むことで，情報技術を利用できる人と利用できない人の間に格差が生まれる**情報格差(デジタルデバイド)**→情報を正しく活用する力(**情報リテラシー**)や情報を正しく利用する態度(**情報モラル**)が必要。

- 現代社会でおこっているさまざまな問題を把握する。
- 「効率」と「公正」を理解し，使用できるようにする。

❸ グローバル化…国境をこえて，人・もの・お金・情報などが移動しやすくなり，世界の一体化(＝**グローバル化**)が進む。
- 国際競争…世界と競争。
- 国際分業…得意分野での生産。
- 国際協力…**持続可能な社会**の実現のための協力。

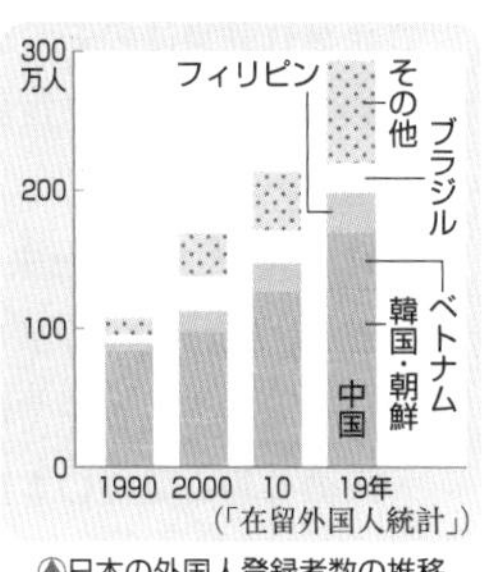

▲日本の外国人登録者数の推移

❹ 多文化共生…互いの文化の違いを認め，対等な関係を築いてともに生きる。

日本は少子高齢社会であり，日本の高齢者の割合は，人口の28％(2019年)を超え，超高齢社会となっている。

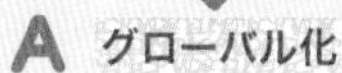

Q もの・情報などが国境をこえて大量に移動する動きを何というか。

A グローバル化

② 現代の文化 ★

❶ 文化の種類…技術を発展させ，人々の暮らしを向上させる**科学**，人生を豊かにする**芸術**，不安を抱える人々に安心感や精神的な豊かさを与える**宗教**など。

❷ 伝統文化…日本の能，茶道，華道など。**年中行事**。

1月	初詣	7月	七夕
2月	節分・豆まき	8月	お盆(盂蘭盆会)
3月	ひな祭り・彼岸会	9月	彼岸会
4月	花祭り	11月	七五三
5月	端午の節句	12月	大掃除(すすはらい)

▲日本のおもな年中行事(地域により異なるものもある)

③ 社会生活 ★★

❶ **社会的存在**…人間は，最初に所属する**家族(家庭)**や**地域社会**など，さまざまな**社会集団**の中で生活する**社会的存在**である。

❷ **家族の変化**…第二次世界大戦後の民主化による影響(えいきょう)。**核家族**や単独世帯が増加。

- **核家族**化…夫婦(ふうふ)と未婚(みこん)の子どもなどからなる家族の増加。
- 日本国憲法や民法では，**個人の尊厳**と**両性の本質的平等**を保障。
- 婚姻(こんいん)は**両性の合意**のみに基(もと)づいて成立。

第24条 ①婚姻は，両性の合意のみに基(もとづ)いて成立し，夫婦が同等の権利を有することを基本として，相互(そうご)の協力により，維持(いじ)されなければならない。
②配偶者(はいぐうしゃ)の選択(せんたく)，財産権，相続，住居の選定，離婚(りこん)並びに婚姻及(およ)び家族に関するその他の事項(じこう)に関しては，法律は，個人の尊厳と両性の本質的平等に立脚(りっきゃく)して，制定されなければならない。

▲憲法第24条

❸ **社会集団の決まり**…社会集団の生活を円滑(えんかつ)に営むために**決まり(ルール)**が存在する。

❹ **対立と合意**…**対立**が生じることもあるが，最終的には**合意**することが大切。**多数決**での決定の際には，決定前の議論で**少数意見**を尊重することが重要。

❺ **効率と公正**…対立を解決する際には，**効率**(＝無駄(むだ)を省く)と**公正**(＝手続き・機会の公正)を考え，理由もなく不利なあつかいを受ける不公正は認めない。

決定の仕方	長所	短所
全員で話し合って決定	みんなの意見が反映される	決定に時間がかかることがある
複数の代表者で話し合って決定	みんなの意見がある程度反映される。全員で決めるよりは決定に時間がかからない	一人で決めるよりも決定に時間がかかる。みんなの意見がうまく反映されないことがある
一人で決定	決定に時間がかからない	みんなの意見が反映されない

採決の仕方	長所	短所
全会一致(いっち)	みんなが納得する	決定に時間がかかることがある
多数決	一定時間内で決定できる	少数意見が反映されにくい

▲物事の決定や採決の仕方

知っておきたい 核家族は，世帯数全体の半数以上を占(し)めており，単独世帯は世帯数全体の3割以上を占めている。

入試直前確認テスト

次の問いに答えなさい。また，（　）にあてはまる語句を答えなさい。

- □ ❶（ ① ）率の低下と，（ ② ）ののびによって，現在の日本は，少子高齢社会となっている。
- □ ❷ 多くの高齢者の医療保険などを支える国民の負担が大きくなり，（　　）制度への影響が心配されている。
- □ ❸ 現在，世界のコンピュータを結ぶネットワークである（　　）が普及する情報社会となっている。
- □ ❹ 異なる文化がそれぞれの違いを認め，対等な関係を築き，社会の一員としてともに生きていくことを何というか。
- □ ❺ 右の表中の①～④にあてはまる年中行事の名称をそれぞれ答えよ。

2月	（ ① ）・豆まき
3月	（ ② ）・彼岸会
7月	（ ③ ）
11月	（ ④ ）

- □ ❻ 家族や地域社会など，わたしたちはさまざまな社会集団の中で生活している社会的（　　）である。
- □ ❼ 社会集団を構成する最小の単位であり，わたしたちが最初に所属する最も身近な集団は何か。
- □ ❽ 右のグラフ中のA～Dで，核家族にあたる記号をすべて答えよ。
- □ ❾ 決定を（　　）で行うときには，前もって少数意見を尊重するように心がけることが重要である。

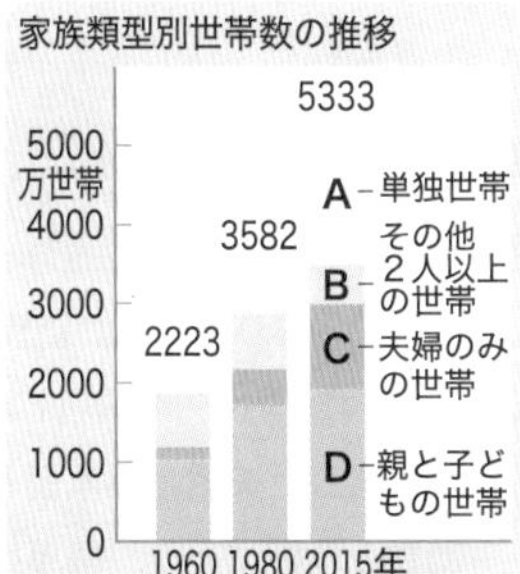

（2020/21年版「日本国勢図会」）

❶① 合計特殊出生　② 平均寿命　❷ 社会保障
❸ インターネット　❹ 多文化共生
❺① 節分　② ひな祭り　③ 七夕　④ 七五三　❻ 存在
❼ 家族（家庭）　❽ C・D　❾ 多数決

月　日

22. 人間の尊重と日本国憲法

図解チェック

① 人権の歩み ★★★

❶ 人権思想家…欧米諸国の市民革命に影響を与える。

丸暗記

- ロック…『統治二論』で**抵抗権**を主張。
- モンテスキュー…『法の精神』で**三権分立**を主張。
- ルソー…『社会契約論』で**人民主権**を主張。

❷ 人権の確立までの歩み

- マグナ・カルタ(1215 年)…イギリス。国王の権力を制限。
- 権利章典(1689 年)…イギリス。議会の権利を認める。
- (アメリカ)独立宣言(1776 年)…生命・自由・幸福の追求を主張。
- (フランス)人権宣言(1789 年)…生まれながらの**自由**や**平等**を主張。
- ワイマール憲法(1919 年)…ドイツ。**社会権**を規定した世界初の憲法。
- 世界人権宣言(1948 年)…国際連合の総会で採択。世界に対して基本的人権と自由の保障を示した宣言。
- 国際人権規約(1966 年)…国際連合の総会で採択。世界人権宣言の内容を条約化，法的拘束力をもつ。

② 日本国憲法 ★★

❶ 大日本帝国憲法…1889 年 2 月 11 日に発布。1890 年 11 月 29 日施行。主権は**天皇**にあり，国民は「臣民」とされ，**法律の範囲内**でのみ人権が認められる。

❷ 日本国憲法…1946 年 11 月 3 日公布。1947 年 5 月 3 日施行。主権は**国民**にあり，**天皇**は日本国と日本国民統合の**象徴**となる。天皇は，**内閣の助言と承認**により，**国事行為**のみを行う。

- 3つの基本原理…**国民主権**，**平和主義**，**基本的人権の尊重**。

3つの基本原理

- 主権は国民にある(**第 1 条**)
- **平和主義**(**第9条**)…戦争の放棄，戦力の不保持，交戦権の否認
→核を「もたず，つくらず，もちこませず」という**非核三原則**をかかげる。
- 基本的人権の尊重(**第 10 ～ 40 条**)
(**公共の福祉**に反する場合にだけ制限することができる)

- 国民の義務…子どもに**普通教育を受けさせる義務**，**勤労の義務**，**納税の義務**。

得点UP!
- マグナ・カルタから国際人権規約までの内容をおさえる。
- 基本的人権の種類，特に自由権と社会権に注意する。

③ 日本国憲法の改正 ★★

憲法は国の**最高法規**であることから，法律などの改正とは異なる慎重な手続きが定められている。憲法改正の国民投票は，**満18歳以上**の男女が行う。

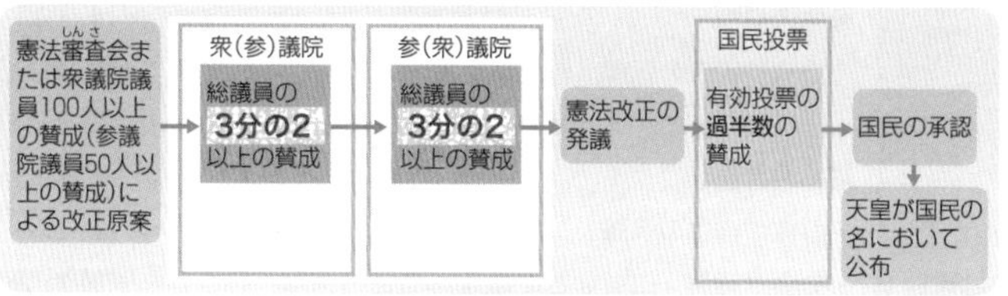

▲日本国憲法改正の手続き

Check!
- 憲法改正→国会では各議院の総議員の3分の2以上の賛成が必要。

④ 基本的人権 ★★★

❶ すべての人間が生まれながらにしてもつ永久の権利。

❷ 社会全体の利益を意味する**公共の福祉**によって人権が制限される場合もある。

日本国憲法で規定

- **自由**権…国家権力によって不当な干渉・弾圧を受けない権利。
  - 身体の自由
  - 精神の自由
  - 経済活動の自由
- 貧富の差が拡大 → **社会**権…人間らしい生活を営む権利。
  - **生存**権
  - 教育を受ける権利
  - 勤労の権利・労働基本権
- **平等**権…国民が平等である権利。すべての基本的人権の前提。
  - 個人の尊重・法の下の平等・両性の本質的平等
- **基本的人権を守るための権利**…人権保障を確実にするための権利。
  - 政治に参加する**参政**権，国に対して一定の行いを要求する**請求**権

規定せず

- **新しい人権**…生存権や幸福追求権が根拠。
  - 情報を手に入れる**知る**権利，個人の私生活を公開されない**プライバシーの権利**，インフォームド・コンセント（十分な説明に基づく同意）や臓器提供意思表示カードなどが関わる**自己決定**権，日照権などの**環境**権など。

▲基本的人権と新しい人権

⑤ 基本的人権に関する重要な条文 ★★

平等権	・すべて国民は，**法の下(もと)に平等**であって，人種，信条，性別などにより差別されない　（第 14 条） ・婚姻(こんいん)は，**両性の合意**のみに基(もと)づいて成立　（第 24 条） ・被(ひ)選挙人・選挙人に差別のない普通(ふつう)選挙制　（第 44 条）
自由権	**身体の自由** ・法定手続きの保障，罪刑(ざいけい)法定主義　（第 31 条） ・公務員による拷問(ごうもん)や残虐(ざんぎゃく)な刑罰(けいばつ)を禁止　（第 36 条） **精神の自由** ・信教の自由の保障　（第 20 条） ・集会，言論，出版などの**表現の自由**の保障　（第 21 条） **経済活動の自由** ・居住，移転および**職業選択(せんたく)の自由**　（第 22 条） ・財産権の不可侵(ふかしん)　（第 29 条）
社会権	・**健康で文化的な最低限度の生活を営む権利（生存権）**　（第 25 条） ・**教育**を受ける権利　（第 26 条） ・勤労の権利　（第 27 条） ・労働者の団結権・団体交渉(こうしょう)権・団体行動権（争議権）の保障　（第 28 条）
参政権	・公務員を選定・罷免(ひめん)する権利　（第 15 条） ・選挙権・被選挙権　（第 15 条・第 44 条・第 93 条） ・最高裁判所の裁判官に対して**国民審査(しんさ)**をする権利　（第 79 条） ・特別法の住民投票権　（第 95 条） ・憲法改正をするときに**国民投票**をする権利　（第 96 条）
請求(せいきゅう)権	・国（公共団体）に対して損害賠償(ばいしょう)を請求する権利（国家賠償請求権）　（第 17 条） ・公開の法廷(ほうてい)で**裁判**を受ける権利　（第 32 条・第 82 条） ・刑事補償請求権　（第 40 条）

入試で注意

Q 職業選択の自由は，自由権のうちのどれにあてはまるか。

↓

A 経済活動の自由

入試直前確認テスト

次の問いに答えなさい。また，（ ）にあてはまる語句や数字を答えなさい。

□ ❶『法の精神』を著し，三権分立を主張したのはだれか。

□ ❷ 1919 年に制定され，世界で初めて社会権を定めた憲法を何というか。

□ ❸ 1948 年に国際連合の総会で採択された，基本的人権の国際的基準を示した宣言を何というか。

□ ❹ 日本国憲法が公布された年を西暦で答えよ。

□ ❺ 日本国憲法で定められている天皇の地位はどのようなものか，簡単に答えよ。

□ ❻ 日本国憲法の第 9 条で規定されている，日本国憲法の 3 つの基本原理のうちの 1 つは，（　　）である。

□ ❼ 日本国憲法の第 25 条では，国民は，（　　）で文化的な最低限度の生活を営む権利を有する，と定める。

□ ❽

（ ① ）の自由：逮捕には令状が必要，拷問や自白の強要を禁止など。
（ ② ）の自由：信教の自由，言論の自由など。
（ ③ ）の自由：居住，移転および職業選択の自由など。

□ ❾ 基本的人権は，社会全体の利益を意味する（　　）によって制限される場合がある。

□ ❿

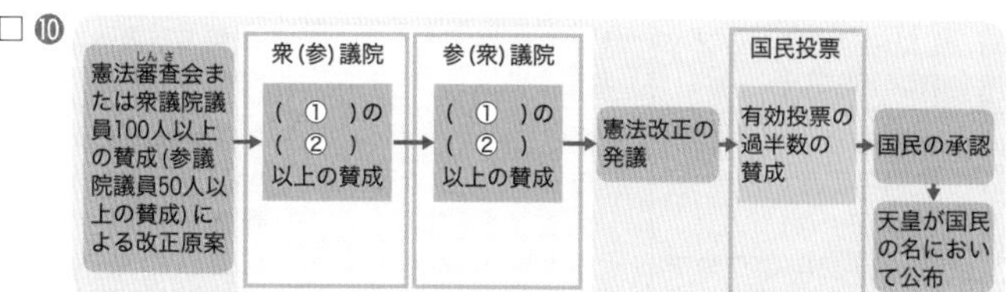

解答

❶ モンテスキュー　❷ ワイマール憲法　❸ 世界人権宣言
❹ 1946 年　❺ (例) 日本国と日本国民統合の象徴。　❻ 平和主義
❼ 健康　❽ ① 身体　② 精神　③ 経済活動
❾ 公共の福祉　❿ ① 総議員　② 3 分の 2

月　日

23. 民主政治，国会・内閣のしくみ

図解チェック

1 民主政治★

❶ 民主主義…みんなで話し合い，決定する考え方。

❷ 民主政治…民主主義に基(もと)づく政治 ―― 直接民主制 / 間接民主制（代議制）

❸ 採決…一般(いっぱん)的に採決は**多数決**。決定の前に**少数意見**を尊重することが必要。p.94 参照↵

❹ 法の支配と法の構成

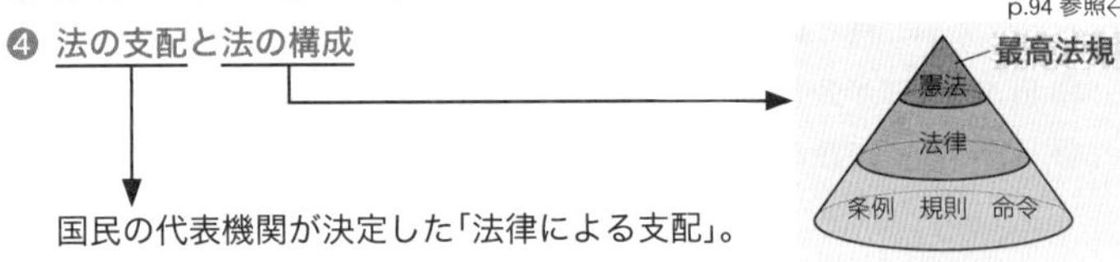

国民の代表機関が決定した「法律による支配」。

▲法の構成

2 選　挙★★

❶ 原則

普通(ふつう)選挙	直接選挙	秘密選挙	平等選挙
財産や地位・性別などによって選挙権が制限されない	有権者が候補者を直接選ぶ	どの候補者に投票したかを秘密にする	有権者１人が１票の投票権をもち，１票の価値は同じ

❷ 選挙制度…選挙の方法は**公職選挙法**で定められている。

	大選挙区制	小選挙区制	比例代表制
内容	１つの選挙区から２名以上を選出	１つの選挙区から１名を選出	各政党の得票数に応じて議席を配分
特色	・候補者の選択(せんたく)の幅(はば)が広い ・**死票**が少ない ・小党分立になりやすく，政局が不安定になる傾向(けいこう)がある	・候補者についてよく知ることができる ・**死票**が多くなる ・二大政党になりやすい	・多様な意見を反映できる ・**死票**が少ない ・政党しか選べない（参議院議員選挙では，政党または候補者を選ぶ）

Check!

・衆議院議員→小選挙区比例代表並立制　・参議院議員→選挙区制と比例代表制

- 選挙の原則，ドント式での当選者数の求め方を知る。
- 衆議院の優越，議院内閣制の内容をおさえる。

❸ 比例代表制の選挙の議席配分(ドント式)

- 各政党の得票数を 1, 2, 3…の整数で割る。
- 商が大きい順に，定数(ここでは４人)まで各政党に配分。

政党名	X党	Y党	Z党
得票数	1500 票	600 票	300 票
÷ 1	1500	600	300
÷ 2	750	300	150
÷ 3	500	200	100

❹ 衆議院議員選挙における日本の選挙権の拡大

実施年次	1890年 第1回総選挙	1928年 第16回総選挙	1946年 第22回総選挙	2017年 第48回総選挙
改正年次および選挙資格	1889年公布 直接国税を15円以上納める満25歳以上の男子	1925年改正 満25歳以上の男子 (男子のみの普通選挙)	1945 年改正 満20歳以上の男女 (完全な普通選挙)	2016 年改正 満18歳以上の男女 (普通選挙)

❺ 現在の選挙の問題点

- **棄権の増加**…投票しやすいように，近年では期日前投票制度が整えられ，不在者投票なども行われている。
- **一票の格差**…選挙区の議員１人あたりの有権者数に差があること。最高裁判所は，日本国憲法の「法の下の平等」などに反する状態であるという判決を出すことがある。

一票の格差の問題は，最近よくニュースでも報道されているね。

❶ 政党…政治に対して，同じ考えをもつ人々の団体。選挙時には**政権公約**(マニフェスト)を示し，政権獲得をめざす。政党が中心となって行われる政治を**政党政治**という。

❷ 与党と野党…政権を担当する政党を**与党**，政権に参加していない政党を**野党**という。複数の政党でつくられる政権を**連立政権**(連立内閣)という。

❸ 世論…多くの人々に共有されている意見。**マスメディア**から得る情報が大きく影響する。人々には，マスメディアから発信される情報を批判的に読みとる，**メディアリテラシー**が求められる。

④ 国　会 ★★★

法律をつくることができるのは国会だけだよ。

❶ 地位…国権の**最高機関**で唯一の**立法機関**(第 41 条)。

❷ 衆議院と参議院

	衆議院	参議院
定数	**465** 人	**248** 人※
任期	**4 年**(解散あり)	**6 年**(解散なし，**3** 年ごとに半数を改選)
被選挙権	25 歳以上	30 歳以上
選挙区	小選挙区比例代表並立制 比例代表選出＊ **176** 人 小選挙区選出 **289** 人	比例代表選出＊ **100** 人 選挙区選出 **148** 人

＊比例代表で衆議院は政党名，参議院は政党名または候補者名を書いて投票する。
※公職選挙法の改正により，参議院の定数はそれまでの 242 から 2019 年の選挙で 245 人，2022 年の選挙で 248 人と 3 人(比例代表 2 人，選挙区 1 人)ずつ増員される。

❸ おもな仕事…法律案や予算の審議・議決，条約の承認，国政調査権，弾劾裁判の実施，内閣総理大臣の指名，内閣の信任・不信任決議(衆議院のみ)，憲法改正の発議。

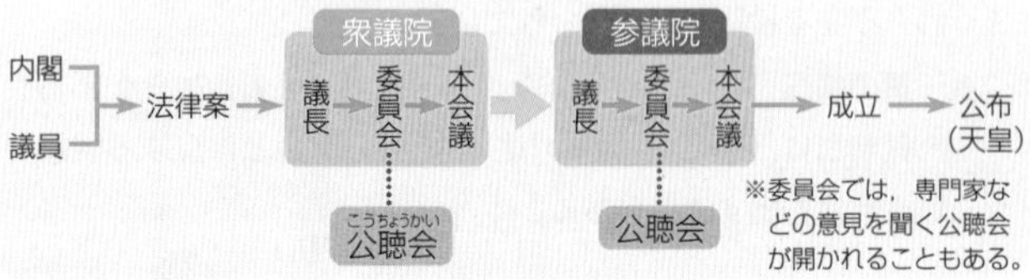

▲法律ができるまで(衆議院が先議の場合)

❹ 国会の種類

常会(通常国会)	・毎年 1 回，1 月に召集 ・会期 **150** 日間
臨時会(臨時国会)	・**内閣**が必要と認めたとき ・いずれかの議院の総議員の **4 分の 1** 以上の要求があったとき
特別会(特別国会)	・**衆議院**解散による総選挙の日から，**30 日**以内に召集
参議院の緊急集会	・**衆議院**解散中，緊急の必要があるときに内閣の求めにより召集

●常会は 1 回，臨時会と特別会は 2 回まで，会期を延長できる。

⑤ 衆議院の優越…両院の議決が異なるとき，衆議院の議決を優先させることなどが認められている。

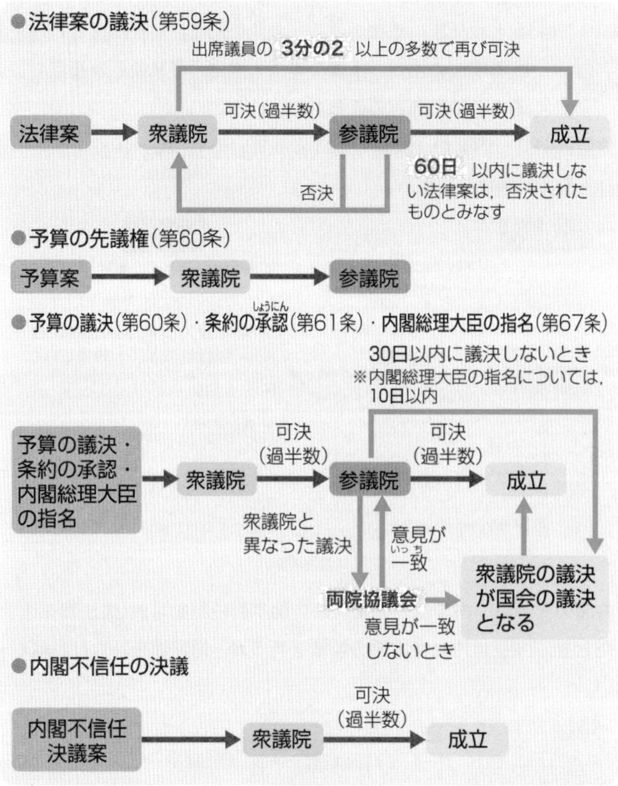

●法律案の議決（第59条）

法律案 → 衆議院 →可決（過半数）→ 参議院 →可決（過半数）→ 成立

衆議院 → 出席議員の **3分の2** 以上の多数で再び可決 → 成立

参議院 → 否決 → 衆議院

60日 以内に議決しない法律案は，否決されたものとみなす

●予算の先議権（第60条）

予算案 → 衆議院 → 参議院

●予算の議決（第60条）・条約の承認（第61条）・内閣総理大臣の指名（第67条）

予算の議決・条約の承認・内閣総理大臣の指名 → 衆議院 →可決（過半数）→ 参議院 →可決（過半数）→ 成立

30日以内に議決しないとき
※内閣総理大臣の指名については，10日以内

参議院 → 衆議院と異なった議決 → 両院協議会 → 意見が一致 → 参議院

両院協議会 → 意見が一致しないとき → 衆議院の議決が国会の議決となる → 成立

●内閣不信任の決議

内閣不信任決議案 → 衆議院 →可決（過半数）→ 成立

▲衆議院の優越

●両院協議会…衆議院と参議院で議決が異なる場合に開かれる協議会で，予算の議決・条約の承認・内閣総理大臣の指名で両院の議決が異なる場合は必ず開かなくてはならない。

入試で注意

Q 衆議院が優越するのはなぜか。

A （例）任期が短く解散もあるため，世論をより強く反映すると考えられているから。

⑤ 内　閣 ★★

❶ 地位…行政権は**内閣**に属する(第 65 条)。

丸暗記 ❷ おもな仕事…法律の執行，条約の締結，外交関係の処理，衆議院の解散の決定，予算の作成・提出，最高裁判所長官の指名とその他の裁判官の任命など。

❸ 議院内閣制…内閣が，国会の信任に基づいて成立し，国会に対して**連帯**して責任を負うしくみ。

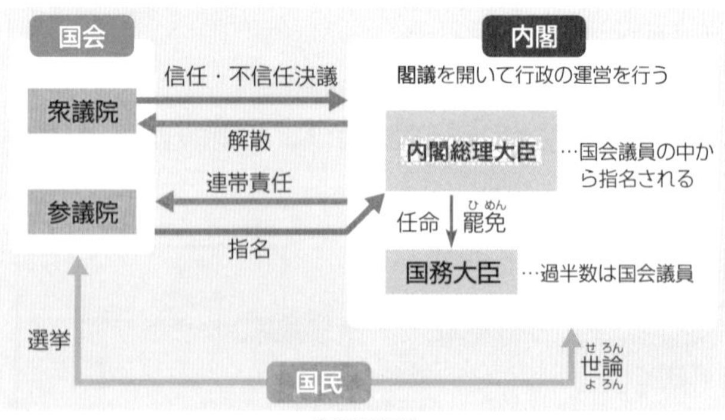

㊤議院内閣制

❹ 内閣の総辞職…内閣は，衆議院が内閣不信任案を可決(信任案を否決)したとき，10 日以内に**衆議院の解散**を行うか，**総辞職**をしなければならない。

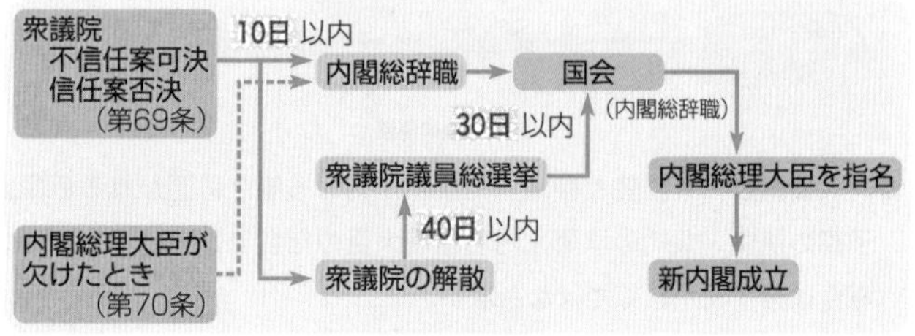

㊤内閣の総辞職

❺ 行政改革…仕事が多く，無駄が生じやすい**「大きな政府」**から，簡素で効率的な**「小さな政府」**をめざす動きが進む。公務員の人数削減や，インターネットやコンビニエンスストアで薬(一部を除く)が販売されるといった自由な経済活動を促す**規制緩和**などが行われている。

入試直前確認テスト

次の問いに答えなさい。また，（　）にあてはまる語句や数字を答えなさい。

□ ❶ 財産や性別によって選挙権が制限されない選挙を何というか。

□ ❷ 選挙区や選挙権年齢(ねんれい)などを定めている法律を何というか。

□ ❸ 国会は国権の最高機関であり唯一(ゆいいつ)の(　　)機関である。

□ ❹ 右の①～⑥にあてはまる数字を答えよ。

□ ❺ 衆議院議員選挙で行われている選挙制度を何というか。

	衆議院	参議院
定数	（①）人	（②）人
任期	（③）年	（④）年
被選挙権	（⑤）歳(さい)以上	（⑥）歳以上

□ ❻ 毎年１回，１月に召集(しょうしゅう)される国会を何というか。

□ ❼ 衆議院解散後の総選挙の日から，30日以内に召集される国会を何というか。

□ ❽ 衆議院と参議院の議決が異なる場合は，衆議院の議決が優先される。これを衆議院の(　　)という。

□ ❾ 内閣が国会の信任に基(もと)づいて成立し，国会に対して連帯して責任を負う制度を何というか。

□ ❿ 右の内閣と国会の関係を示した図の①～⑥にあてはまる語句を答えよ。

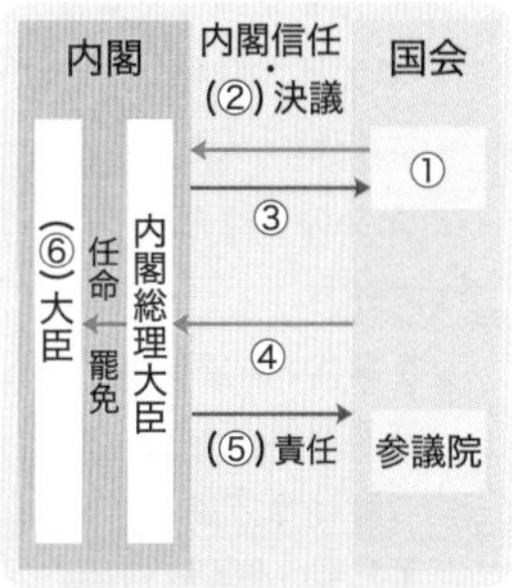

□ ⓫ 国務大臣の過半数は，(　　)から選ばれなければならない。

□ ⓬ 政府の方針を決定する，内閣総理大臣を中心とした会議を何というか。

解答

❶ 普通(ふつう)選挙　❷ 公職選挙法　❸ 立法　❹ ① 465　② 248　③ 4　④ 6　⑤ 25　⑥ 30　❺ 小選挙区比例代表並立制　❻ 常会（通常国会）　❼ 特別会（特別国会）　❽ 優越(ゆうえつ)　❾ 議院内閣制　❿ ① 衆議院　② 不信任　③ 解散　④ 指名　⑤ 連帯　⑥ 国務　⓫ 国会議員　⓬ 閣議

月　日

24. 裁判所のしくみと三権分立，地方自治

図解チェック

① 裁判所のしくみ ★★★

❶ 地位

- すべて**司法権**は，**最高裁判所**及(およ)び法律の定めるところにより設置する**下級裁判所**に属する。(第 76 条)
- **特別裁判所**は，これを設置することができない。(第 76 条)

❷ 司法権の独立

- すべて裁判官は，その**良心**に従ひ(い)独立してその職権を行ひ(い)，この**憲法**及び**法律**にのみ拘束(こうそく)される。(第 76 条)
- 裁判官が辞めさせられるのは心身の故障・国会の**弾劾(だんがい)裁判**・**国民審査(しんさ)**(最高裁判所裁判官のみ)で罷免(ひめん)が可とされた場合のみ。

❸ 裁判所の種類と三審(さんしん)制

- 三審制…同一の事件に対して，3回まで裁判を受けることができる。裁判を慎重(しんちょう)に行い，人権を守るためのしくみ。

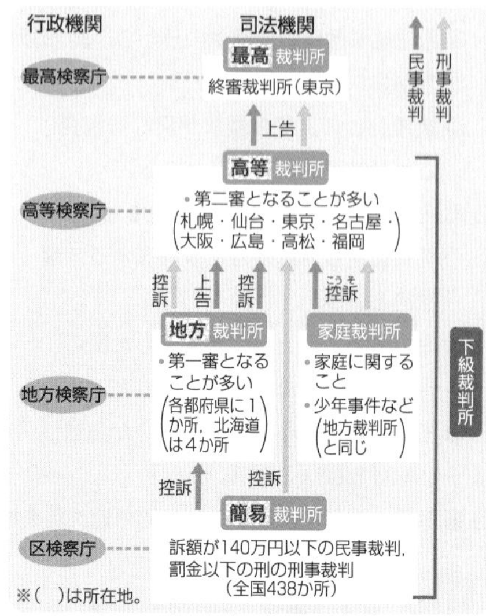

▲裁判所の種類

Check!

- 民事裁判→第一審(だいいっしん)が簡易裁判所なら，第二審は地方裁判所，第三審は高等裁判所。
- 刑事(けいじ)裁判→第一審が簡易裁判所なら，第二審は高等裁判所，第三審は最高裁判所。

- **裁判所の種類**…最高裁判所と**下級裁判所**(高等裁判所・地方裁判所・家庭裁判所・簡易裁判所)

- 三審制，民事裁判と刑事裁判の違いをおさえる。
- 三権の抑制と均衡の図を，用語まで書けるようにする。

❹ 裁判の種類

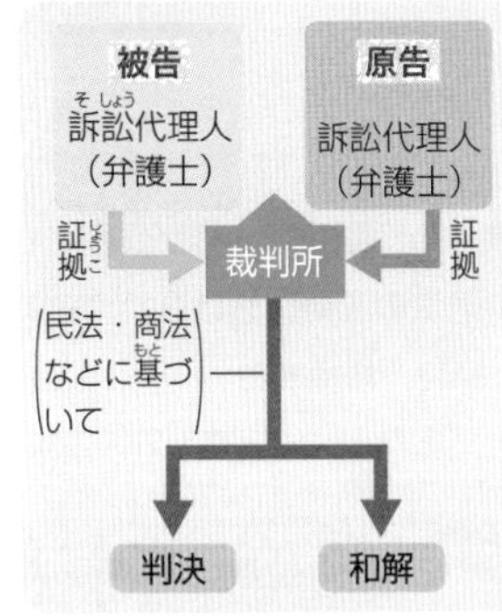

Ⓐ民事裁判

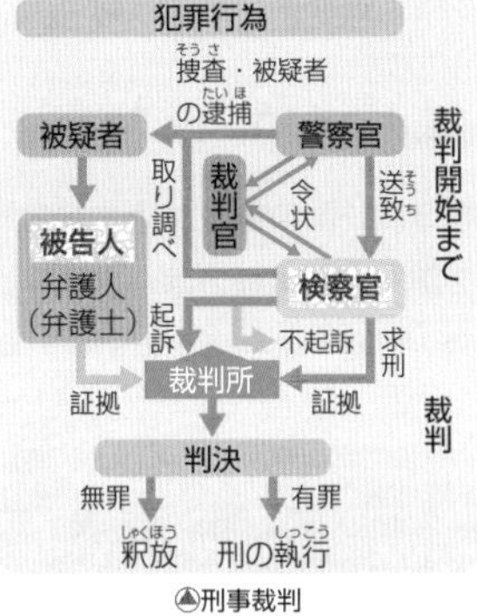

Ⓐ刑事裁判

- **民事裁判**…個人間の権利に関する裁判。訴えた人を**原告**，訴えられた人を**被告**という。
- **行政裁判**…国や地方公共団体を相手に争う裁判。民事裁判と同じ手続きで行われる。
- **刑事裁判**…犯罪の疑いがある行為の有罪，無罪を決定する裁判。検察官が被疑者を裁判所へ訴える(＝**起訴**)ことで裁判が開始される。被疑者は**被告人**とよばれる。

❺ **裁判員制度**…第一審が地方裁判所で行われる重大な犯罪の刑事裁判が対象。6名の裁判員(満20歳以上)が3名の裁判官とともに審理を行い，判決を下す。

❻ **検察審査会**…検察官が起訴しなかったことが適切かどうかを，11人の検察審査員(満20歳以上)が審議。

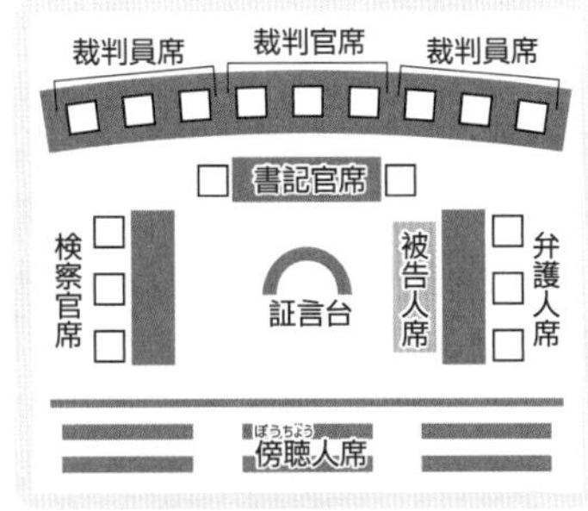

Ⓐ裁判員裁判のようす

❼ 近年，被害者が裁判で被告人や証人に質問できる**被害者参加制度**や，警察官や検察官の取り調べを録音・録画する**取り調べの可視化**などを導入。

入試で注意

Q 裁判に被告人がいるのは，どのような種類の裁判か。

↓

A 刑事裁判

② 三権分立 ★★★

❶ 三権分立…国の権力が１つの機関に集中し，国民の人権が侵害されることを防ぐ。国の権力は，立法・行政・司法の三権に分けられ，それぞれ国会・内閣・裁判所が担当し，互いに抑制，均衡する。

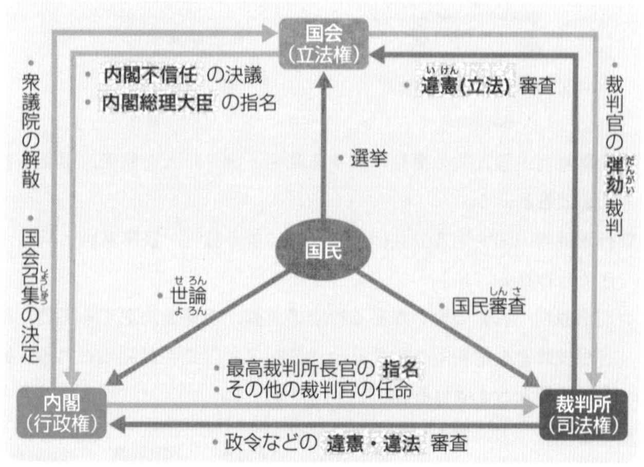

▲三権の抑制と均衡

❷ 国民審査…**最高裁判所裁判官**のみが対象。任命後の初めての衆議院議員総選挙のときと，その後10年を経過したあとに初めて行われる衆議院議員総選挙のときに実施。国民が投票で審査を行う。

❸ 違憲(立法)審査…具体的な訴訟に基づいて，各裁判所が行う。その裁判についてのみ，違憲かどうかが判断される。最終決定は最高裁判所が下すため，最高裁判所は「**憲法の番人**」とよばれる。

知っておきたい　最高裁判所は，法律などが憲法に違反していないかどうかについての最終決定権をもっている，「憲法の番人」である。

③ 地方自治 ★★★

❶ **地方自治**…地域の住民が，その地域の実情に合った政治を自分たちの手で行うこと。一人ひとりが主体的に，直接参加できることが多いことから「**民主主義の学校**」とよばれる。日本国憲法では，**住民自治**と**団体自治**が定められている。

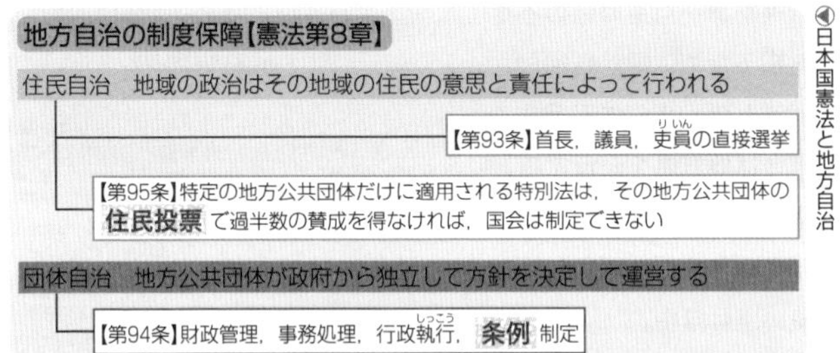

◀日本国憲法と地方自治

- **条例**…地方公共団体が地域の自治を行うために，国の法律の範囲内でつくられ，その地方公共団体のみに適用される独自の決まり。
- **住民投票**…住民投票の結果には法的拘束力はない。

❷ **地方分権**…各地方公共団体が住民に身近な行政をより自主的に行えるようにするため，2000 年に**地方分権一括法**が施行された。

❸ **地方自治のしくみ**…議員で構成される**地方議会**と，地方公共団体の長である**首長**が置かれる。住民は議員と首長を直接選挙で選ぶ(**二元代表制**)。

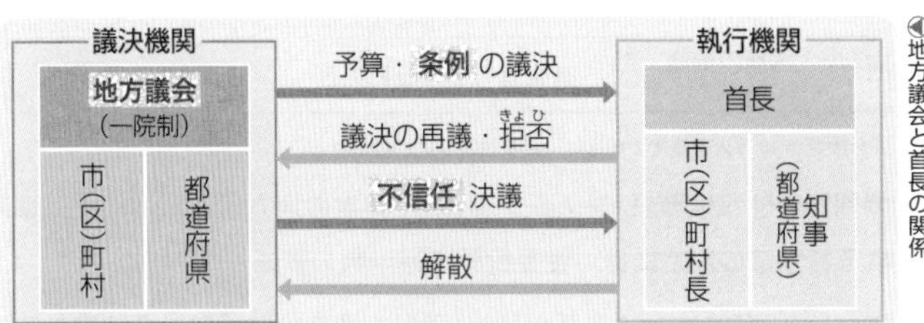

◀地方議会と首長の関係

❹ **被選挙権**…知事→**30**歳以上，市(区)町村長→**25**歳以上。議員→**25**歳以上。任期は首長・議員ともに４年。

❺ **おもな地方公共団体の仕事**

- **土木・建設**…道路，公園，河川などを整備し，管理する。
- **教育と文化の振興**…学校など，教育施設を整備し，管理する。

●警察や消防…犯罪の捜査や災害を防止する活動を行う。

❻ 財政…国からの給付金が中心。地方税が少なく地方債も多い。

●自主財源…地方公共団体が自主的に集めて使える財源。

●依存財源…自主財源の不足を補うために国から給付されるもの。さらに不足する場合は**地方債**を発行する。

●**地方交付税交付金**…財政格差を補うために国から給付。使い道は自由。

●**国庫支出金**…特定の事業のために，支出の一部を国が負担。

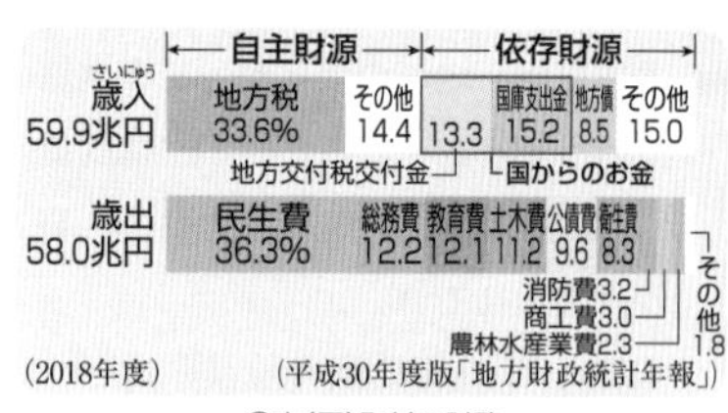

△市(区)町村の財政

東京都 7兆3044億円：地方税 72.4%，その他 20.4，地方債1.9，国庫支出金5.3
沖縄県 7358億円：20.1%，15.4，地方交付税交付金 28.4，29.1，7.0
福井県 4614億円：26.1%，16.5，28.2，16.1，13.1
(2017年度)　(2020年版「データでみる県勢」)

△おもな都県の財政収入

❼ おもな直接請求権

請求の種類	必要な署名数	請求先
条例の制定や改廃(イニシアチブ)	有権者の**50分の1**以上	**首長**
監査の請求	有権者の**50分の1**以上	**監査委員**
議会の解散	有権者の**3分の1**以上※	**選挙管理委員会**
首長・議員の解職(リコール)	有権者の**3分の1**以上※	**選挙管理委員会**

※有権者が40万人を超える場合は，必要署名数は緩和される。

❽ 特別法の住民投票(レファレンダム)…特定の地方公共団体にのみ適用される特別法の制定には，**住民投票**で過半数の賛成が必要。

❾ オンブズマン(オンブズパーソン)制度…地方公共団体から独立している組織や人が，住民の声を聞いて調査を行う制度。

入試で注意

Q 条例の制定に必要な署名数はどれくらいで，請求先はどこか。

↓

A (例)有権者の50分の1以上，請求先は首長。

入試直前確認テスト

次の問いに答えなさい。また，(　)にあてはまる語句を答えなさい。

□ ❶ 裁判で設けられている三審制(さんしん)とはどのような制度か，簡単に答えよ。

□ ❷ 右の図の①～④にあてはまる語句を答えよ。

□ ❸ 地方裁判所で行われる重大な刑事(けいじ)事件の第一審に，満 20 歳(さい)以上の一般(いっぱん)の国民から選ばれた 6 名が参加し，3 名の裁判官とともに審理，判決を下す(　　)制度が 2009 年から採用されている。

(①) 裁判所
↑④　↑④
高等裁判所
↑④　↑③　↑③
(②) 裁判所　家庭裁判所
↑③
簡易裁判所（民事裁判の例）

□ ❹ 次の図の①～⑪にあてはまる語句を答えよ。

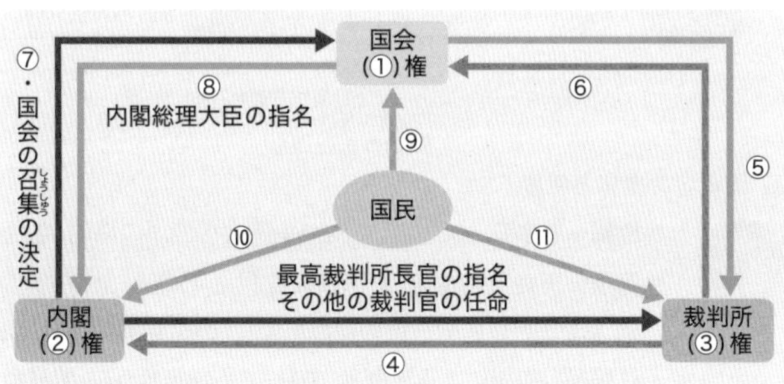

□ ❺ 地方議会が定める，その地方公共団体にのみ適用する決まりを何というか。

□ ❻ 地方財政のうち，国から与(あた)えられる，地方財政の格差をなくすことをめざした，使途(しと)が自由なものを何というか。

❶ (例) 同一の事件で 3 回まで裁判を受けられる制度。

❷ ① 最高　② 地方　③ 控訴(こうそ)　④ 上告　❸ 裁判員

❹ ① 立法　② 行政　③ 司法　④ 違憲(いけん)・違法審査　⑤ 弾劾(だんがい)裁判

⑥ 違憲(立法)審査　⑦ 衆議院の解散　⑧ 内閣不信任決議

⑨ 選挙　⑩ 世論(せろん／よろん)　⑪ 国民審査　❺ 条例　❻ 地方交付税交付金

月　日

25. 経済のしくみとはたらき

図解チェック

① 家計と消費者 ★

❶ 経済の三主体…**家計**(消費), **企業**(生産), **政府**(財政)。

❷ 家計…形のある商品である**財**や形のない商品である**サービス**を購入し消費する。

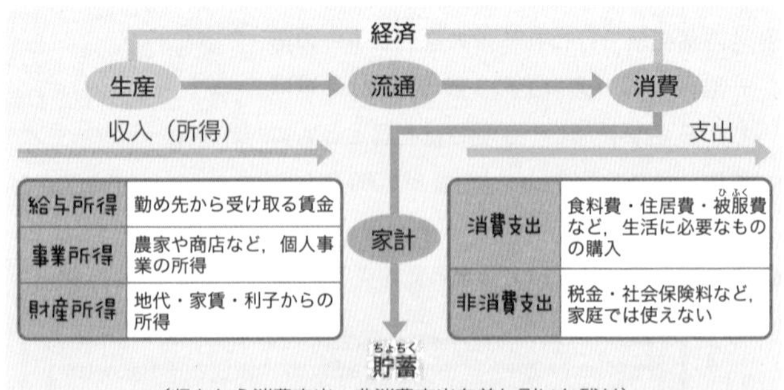

給与所得	勤め先から受け取る賃金
事業所得	農家や商店など，個人事業の所得
財産所得	地代・家賃・利子からの所得

消費支出	食料費・住居費・被服費など，生活に必要なものの購入
非消費支出	税金・社会保険料など，家庭では使えない

▲家計の収入と支出

❸ 消費者の権利と保護

丸暗記

- 権利…**ケネディ**大統領(米)が「消費者の四つの権利」を主張。
- 保護…**消費者基本法**(消費者の権利), **クーリング・オフ**(原則購入後８日以内なら契約解除可能), **製造物責任(ＰＬ)法**(企業は製品の欠陥による被害者に対して責任を負う), **消費者契約法**(不当な契約から消費者を保護), **消費者庁**の設置。

② 企業 ★★

❶ 企業の種類

- 公企業…**利潤**を目的としない。
- 私企業…**利潤**が目的。

❷ 株式会社…私企業の１つ。多数の**株式**の発行によって，必要な資金を多くの人々から集めて活動する企業。

- **株主**…株式購入者。株主総会に出席し，株式数に応じて議決権をもつ。株式数に応じて**配当**を受け取る。有限責任。

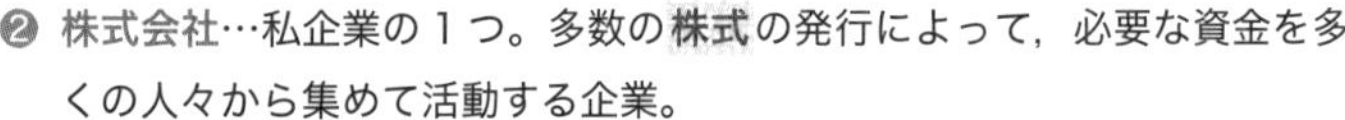

- 需要(じゅよう)曲線，供給曲線について内容を理解する。
- 円高・円安とその影響(えいきょう)について内容を理解する。

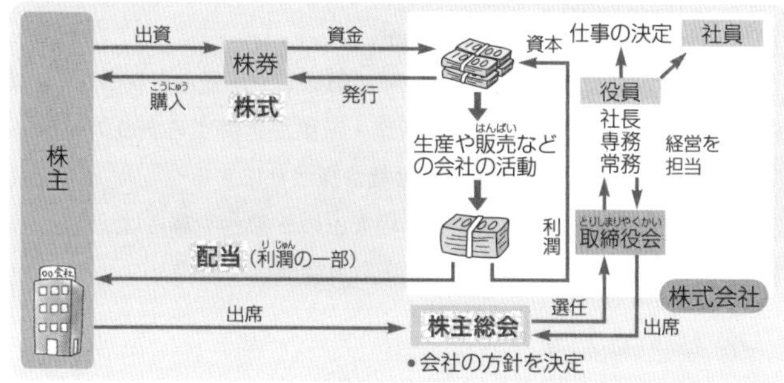

▲株式会社のしくみ

③ 労働者の権利と義務 ★

ワーク・ライフ・バランスの実現が重要だよ。

❶ 勤労権…国民は勤労の権利を有し，義務を負う。

❷ 労働三法

- **労働基準法**…**労働条件の最低基準**(男女同一賃金・1日**8**時間以内，週40時間労働など)を定める。
- **労働組合法**…**労働組合**を結成する権利の保障などを定める。
- **労働関係調整法**…労働争議の解決をはかることを目的とする。

❸ 労働三権

- **団結権**…労働者が団結して労働組合を結成する権利。
- **団体交渉(こうしょう)権**…労働者が使用者と団体で交渉する権利。
- **団体行動権(争議権)**…ストライキなどを行う権利。

④ 需要・供給と価格 ★★★

❶ 需要・供給と価格

Check!
- 需要量→買いたい量
- 供給量→売りたい量

- 需要量＞供給量→価格上昇(じょうしょう)
- 需要量＜供給量→価格下降
- 需要量＝供給量→価格一定＝**均衡(きんこう)価格**

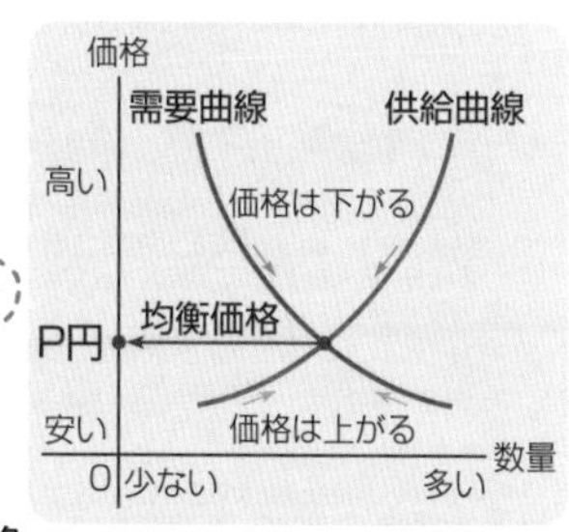

▲需要量・供給量・価格の関係

❷ 価格…需要量と供給量の関係で決定するのは**市場価格**，需要量と供給量が一致する価格は**均衡価格**。鉄道運賃や公営の水道料金，バス運賃や手紙・はがきの郵便料金など国民生活への影響が大きいものは，国や地方公共団体が決定・認可する**公共料金**。

❸ **企業の集中**…同じ産業の複数の企業が価格や生産量などについて協定を結ぶ**カルテル**(企業連合)，同じ産業・業種が合併する**トラスト**(企業合同)，親会社が各分野の企業を子会社や孫会社にする**コンツェルン**(企業連携)など。１社や少数の企業が市場を占める**独占**や**寡占**は，消費者に不利益→**独占禁止法**が制定され，**公正取引委員会**が監視。

⑤ 金融のしくみ ★

❶ 金融…銀行などによるお金の融通。直接金融と間接金融。

❷ 日本銀行…日本の金融制度の中心である中央銀行。

- **発券銀行**…紙幣(日本銀行券)を，**管理通貨制度**のもとで発行。
- **政府の銀行**…政府の資金を預かり，出し入れを行う。
- **銀行の銀行**…一般の金融機関との取り引き。

❸ 日本銀行が行う景気調整政策を**金融政策**という。
p.117 参照↵

- **公開市場操作**…国債などを売買し，通貨量を調整。

⑥ 為替相場と円高・円安 ★★

❶ 為替相場…自国通貨と外国通貨との交換比率。変動為替相場制。

❷ 円高・円安と輸出入への影響

- 円高…円の価値が上がる。　●円安…円の価値が下がる。

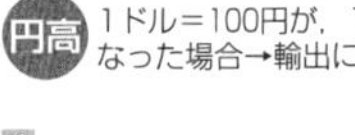

400万円／4万ドル　400万円／5万ドル

円高のときに輸出をすると，外国における自動車の価格が高くなるので，売れにくくなる。

2万ドル／160万円　2万ドル／200万円

円高のときに輸入をすると，日本における大豆の価格が安くなるので，消費者は得をする。

1ドル＝100円が，1ドル＝120円になった場合→輸出に有利

6万円／600ドル　6万円／500ドル

円安のときに輸出をすると，外国における腕時計の価格が安くなるので，売れやすくなる。

5ドル／600円　5ドル／500円

円安のときに輸入をすると，日本におけるレモンの価格が上がるので，消費者は損をする。

◀円高・円安と輸出・輸入の関係

入試直前確認テスト

次の問いに答えなさい。また，（　）にあてはまる語句や数字を答えなさい。

- □ ❶ 商品は，形のある財と，形のない（　　）に分けられる。
- □ ❷「消費者の四つの権利」を主張したアメリカ大統領はだれか。
- □ ❸ 製品の欠陥によって消費者が被害を受けたとき，企業に過失がなくても被害者に対して責任を負うことを義務づけた法律は何か。
- □ ❹ 企業には，利潤を目的とした（ ① ）と，利潤が目的ではなく，公共のために活動する（ ② ）がある。
- □ ❺ 株主は（　　）に出席し，株式会社の経営方針を決定する。
- □ ❻ 右の図の①・②の曲線と，③で決まる価格をそれぞれ何というか。
- □ ❼ 下の図の①～③の企業集中の形態をそれぞれ何というか。

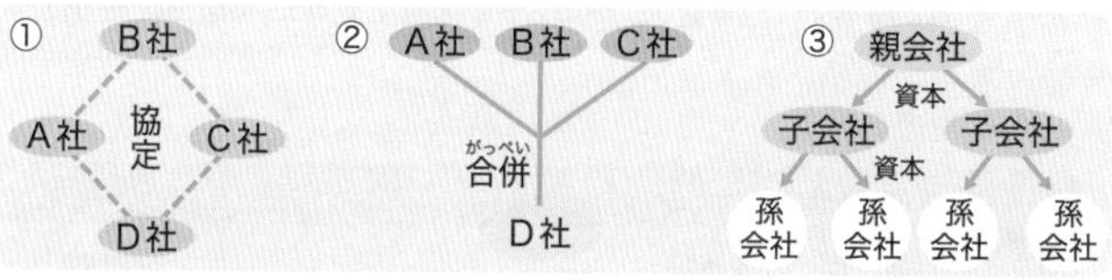

- □ ❽ 日本は，金保有量に関係なく，そのときの経済状況に応じて通貨を発行する（　　）制度を採用している。
- □ ❾ 1ドル＝100円から1ドル＝90円となる状況を（　　）といい，このとき，日本の輸入は有利になる。
- □ ❿ 1ドル100円から1ドル80円になったとき，日本でつくられた8万円の時計を輸出すると，800ドルから（　　）ドルで販売される。

解答

❶ サービス　❷ ケネディ（大統領）　❸ 製造物責任（PL）法
❹ ① 私企業　② 公企業　❺ 株主総会
❻ ① 需要曲線　② 供給曲線　③ 均衡価格
❼ ① カルテル　② トラスト　③ コンツェルン
❽ 管理通貨　❾ 円高（ドル安）　❿ 1000

月　日

26. 国民生活と福祉

図解チェック

税金の種類と内容をチェックしよう。

① 財政と租税(税金)★★★

❶ 財政のはたらき…道路や水道など**社会資本**や**公共サービス**の提供(**資源配分の調整**), **所得の再分配**, **経済の安定化**など。

❷ 国の歳入と歳出(2020年度一般会計予算案)

● 国の歳入

102.7 兆円

租税・印紙収入	公債金	その他
61.9%	31.7	6.4

(2020年度)　(2020/21年版「日本国勢図会」)

▲国の歳入の内訳

● 国の歳出

102.7 兆円

社会保障関係費	国債費	地方交付税交付金	公共事業関係費	文教及び科学振興費	防衛関係費	その他
34.9%	22.7	15.2	6.7	5.4	5.2	9.9

(2020年度)　(2020/21年版「日本国勢図会」)

▲国の歳出の内訳

Check!
- 公債金→国債発行による歳入
- 国債費→利子をつけての返済(歳出)

❸ おもな税金の種類

		直接税	間接税
国税		・**所得税** (個人の所得にかかる) ・**法人税** (企業の所得にかかる) ・**相続税** (受け継いだ財産に応じてかかる)	・**消費税** (購入する商品やサービスにかかる) ・酒税 ・関税
地方税	(都)道府県税	・(都)道府県民税, 自動車税, 事業税	・(都)道府県たばこ税, 地方消費税など
	市(区)町村税	・市(区)町村民税, 固定資産税	・市(区)町村たばこ税など

❹ 税金の公平性

● **累進課税**制度…所得が多くなるにつれて**税率**が高くなる。所得税や相続税などで採用されている。

- 景気対策としての財政政策と金融政策を理解する。
- 社会保障制度の内容を理解する。

課税対象になる金額

〜195	195〜330	330〜695	695〜900	900〜1800	1800〜4000	4000万円〜
税率5%	税率10%	税率20%	税率23%	税率33%	税率40%	税率45%

(2020年)

計算方法

(例)課税対象の所得が500万円
195万円×0.05＋(330万円－195万円)×0.1＋(500万円－330万円)×0.2＝57万2500円

▲所得税の累進税率

●消費税の逆進性

同じ商品を購入した場合，同じ税金を負担することになるので，所得が低い人ほど，所得に占める税金の割合が高くなる。

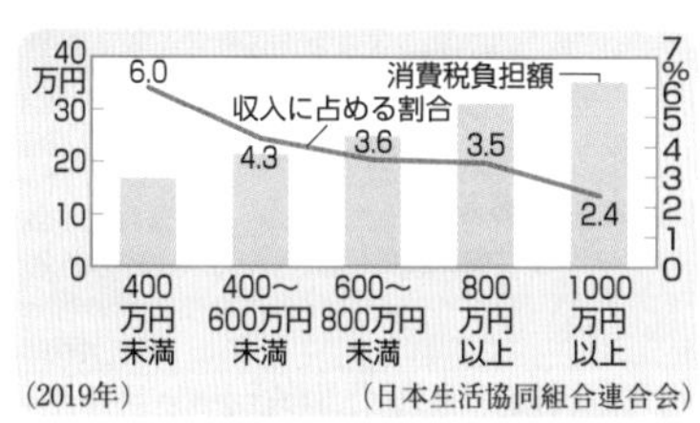

▲消費税の逆進性

② 景気変動と対策 ★★★

❶ 景気変動(景気循環)…好景気(好況)と不景気(不況)をくり返す。

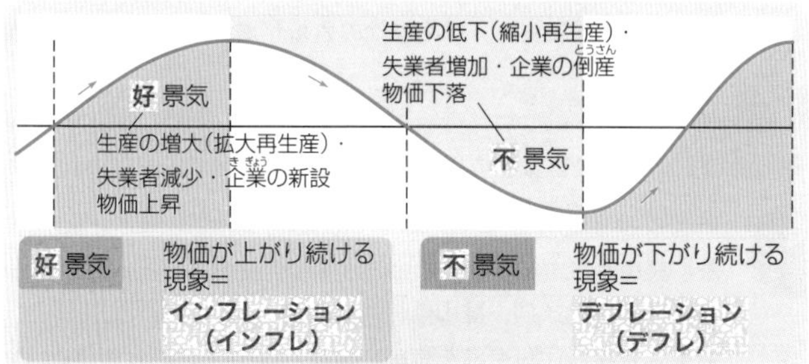

▲景気変動

❷ 景気対策

	好景気のとき	不景気のとき
政府の財政政策	・増税 ・公共投資を減らす	・減税 ・公共投資を増やす
日本銀行の金融政策(公開市場操作)	・国債などを銀行へ売る(売りオペレーション)	・国債などを銀行から買う(買いオペレーション)

③ 社会保障制度 ★★

❶ 日本国憲法第25条第1項の**生存権**の考え方に基づく。↳p.97参照

❷ 社会保障制度の種類…4つの柱から成り立つ。

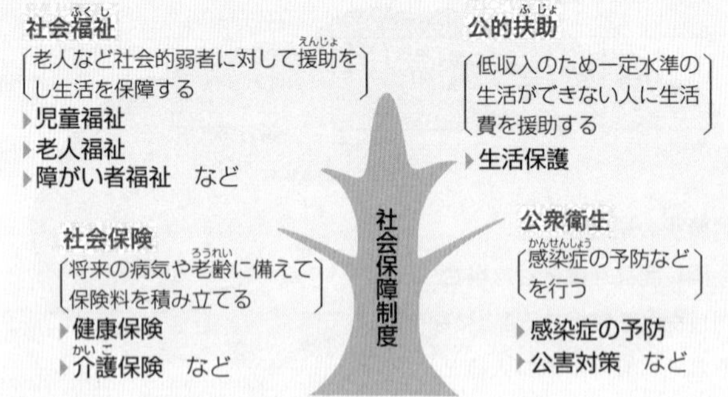

▲社会保障の種類

❸ 社会保障と財政…どう両立させるかが日本の課題。

- 低福祉低負担…社会保障は手薄だが国民の負担は軽い。
- 高福祉高負担…社会保障は手厚いが国民の負担は重い。
- 少子高齢化が進むと年金などの社会保障関係費が増加するが，現役世代の人口は減少するため，現役世代の負担が増える。財源確保が課題。

④ 環境保全 ★

❶ 四大公害病…四大公害裁判では，原告側がすべて勝訴。

- 水俣病…熊本県水俣市など。メチル水銀が原因。
- 四日市ぜんそく…三重県四日市市など。亜硫酸ガスが原因。
- イタイイタイ病…富山県神通川流域。カドミウムが原因。
- 新潟水俣病…新潟県阿賀野川流域。メチル水銀が原因。

❷ 対策…公害対策基本法(1967年)→環境庁設置(1971年)→**環境基本法**(1993年)→**環境影響評価法(環境アセスメント法)**(1997年)→環境省設置(2001年)。

❸ 循環型社会…資源の消費を減らし，環境への負担をできる限り少なくする社会。2000年に**循環型社会形成推進基本法**が制定される。

- 3R…**リデュース**(ごみを減らす)，**リユース**(再使用)，**リサイクル**(再生利用)。

入試直前確認テスト

次の問いに答えなさい。また，（　）にあてはまる語句を答えなさい。

□ ❶ 政府によって整備される，生活や生産のために社会的に共同利用する施設(しせつ)を何というか。

□ ❷ 国の税収が十分ではないときに発行される国の借金を何というか。

□ ❸ 消費税のように，税金を納める人と税金を負担する人が異なる税金を何というか。

□ ❹ 所得の多い人ほど高い税率をかける税制度を何というか。

□ ❺ 消費税など一定の税率の税金に見られる，所得の低い人ほど税負担の割合が高くなる現象を何というか。

□ ❻ インフレーションとはどのような現象か，簡単に答えよ。

□ ❼ 右の図の①・②のとき，失業者の数はそれぞれどうなるか。

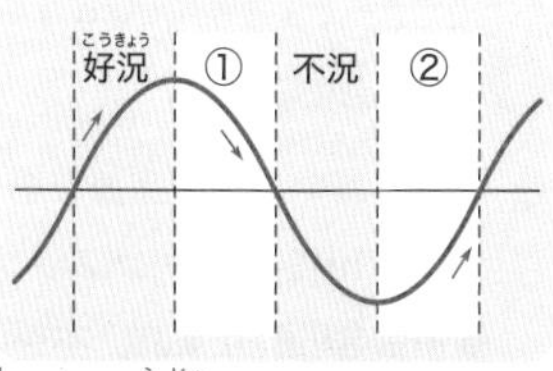

□ ❽ 好景気のとき，政府は財政政策で税金を（ ① ），日本銀行は金融(きんゆう)政策の公開市場操作で，国債(こくさい)などを（ ② ）。

□ ❾ 日本の社会保障制度は，（　　），社会福祉(ふくし)，公的扶助(ふじょ)，公衆衛生からなる。

□ ❿ 40 歳(さい)以上の人が保険料を支払(しはら)い，高齢(こうれい)者を社会全体で支えていこうとする制度を（　　）制度という。

□ ⓫ 四大公害病のうち，熊本県などでメチル水銀が原因となって発生した公害病を（　　）という。

□ ⓬ 開発による影響(えいきょう)を事前に調査・評価して公表することを義務づけた法律を（　　）という。

解答

❶ 社会資本　❷ 国債　❸ 間接税　❹ 累進(るいしん)課税（制度）

❺ 逆進性　❻（例）物価が上がり続ける現象。

❼ ① 増加する。 ② 減少する。 ❽ ① 増やし　② 売る

❾ 社会保険　❿ 介護(かいご)保険

⓫ 水俣(みなまた)病　⓬ 環境(かんきょう)影響評価法（環境アセスメント法）

月　日

27. 国際社会と平和

図解チェック

① 主権国家 ★

❶ 主権国家の３要素

●主権…外国から支配や干渉を受けない権利。
●国民…国家に所属する人々。
●領域…主権の及ぶ範囲。領土・領海・領空からなる。

❷ 国際法…国と国が結ぶ条約や，長い間の慣習から法となった国際慣習法などがある。

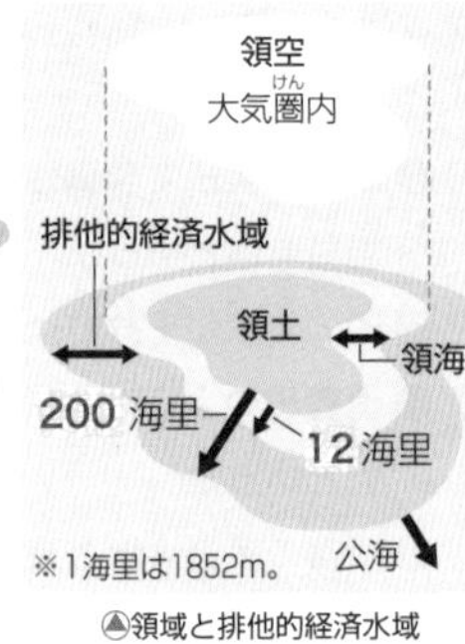

△領域と排他的経済水域

Check!
- 領海→領土沿岸から 12 海里
- 排他的経済水域→領海を除く領土沿岸から 200 海里

② 国際連合 ★★

❶ 成立…戦前の国際連盟が第二次世界大戦を防ぐことができなかった反省から，1945 年のサンフランシスコ会議で**国際連合憲章**が採択され，**国際連合(国連)**が設立。本部は**ニューヨーク**。

❷ おもなしくみ

●総会…全加盟国が参加。１国１票の投票権をもつ。
●安全保障理事会…世界の平和と安全の維持をおもな目的とする。拒否権をもつ５常任理事国(アメリカ・イギリス・フランス・中国・ロシア)と，任期２年の 10 非常任理事国で構成。

●経済社会理事会…経済・社会・文化などの国際的な協力を促進。
●国際司法裁判所…国家間の紛争を裁く。オランダのハーグに設置。
●事務局…事務総長のもとで国連の事務を行う。

	国際連盟（1920 年設立）	国際連合（1945 年設立）
本部	**ジュネーブ**	**ニューヨーク**
加盟国	アメリカ不参加，ソ連はのちに加盟，日本・ドイツ・イタリアの脱退。	５常任理事国(アメリカ，イギリス，フランス，中国，ソ連)が初めから加盟。
表決	**全会一致**	**多数決**，安全保障理事会における５常任理事国一致。

△国際連盟と国際連合の比較

● 国際連合の安全保障理事会のしくみを理解する。
● 地球環境をめぐる国際会議の開催順と内容を理解する。

❸ おもな機関

機関名	目的・役割
国連教育科学文化機関（UNESCO）	教育の普及，世界遺産などの文化財の保護，国際平和への貢献を目的とする。
国連児童基金（UNICEF）	世界の子どもの保健，福祉の向上をはかる。
世界保健機関（WHO）	感染症をなくすなどの施策を通じて，保健衛生の向上をはかる。
国連難民高等弁務官事務所（UNHCR）	難民を国際的に保護し，難民が帰国できるように援助をする。
国連貿易開発会議（UNCTAD）	発展途上国の貿易の拡大を促進し，世界経済の発展をはかる。

❹ **平和維持**…安全保障理事会の決定により，紛争悪化の阻止などのために**平和維持活動（ＰＫＯ）**が行われる。大規模な部隊の平和維持軍（ＰＫＦ）が派遣されることもある。

③ 地域主義の進展 ★

❶ **地域主義（リージョナリズム）**…経済や環境，安全保障などで同じ問題を抱える国家が，特定の地域でまとまり，協調・協力していく動き。

● **ヨーロッパ連合（EU）**，**東南アジア諸国連合（ASEAN）**，**アジア太平洋経済協力会議（APEC）**，環太平洋経済連携協定（TPP），米国・メキシコ・カナダ協定（USMCA）など。

● 特定の国と国の間で自由貿易協定（FTA）や経済連携協定（EPA）を結ぶなど。

❷ **経済格差の問題**…北半球の先進工業国（先進国）と南半球の発展途上国の間で経済格差が発生する**南北問題**や，南側の発展途上国間での，資源があり産業が発達している国と，資源がなく産業が発達していない国の間でおこる**南南問題**がある。

④ 地球規模の問題 ★★

❶ **現代の紛争**…民族紛争やテロリズムなど，新しい**地域紛争**が発生→**難民**の発生→国連難民高等弁務官事務所(UNHCR)の支援。

❷ **軍縮への動き**…**核拡散防止条約**(NPT，1968 年)，包括的核実験禁止条約(CTBT，1996 年)，核兵器禁止条約(2017 年採択，2021 年発効)など。

❸ **環境問題**…地球温暖化，砂漠化，オゾン層の破壊，酸性雨，大気汚染など。

❹ **環境をめぐる世界の動き**

年代	おもなできごと
1971	ラムサール条約採択
1972	**国連人間環境会議**(ストックホルム)，スローガンは「かけがえのない地球」
1992	国連環境開発会議(リオデジャネイロ)(**地球サミット**)，生物多様性条約や気候変動枠組条約の署名
1997	地球温暖化防止京都会議，**京都議定書**採択
2002	持続可能な開発に関する世界首脳会議(ヨハネスバーグ)(**環境開発サミット**)
2005	京都議定書発効
2012	改正京都議定書(2020年まで削減義務延長。日本はアメリカとともに不参加)
2015	**パリ協定**(世界の気温上昇を産業革命が進む以前から2℃以内にする)

❺ **資源・エネルギー問題**

- **石炭や石油による火力発電**…二酸化炭素の増加が問題。
- **原子力発電**…東日本大震災(2011 年)で甚大な被害。以降そのあり方について議論されている。
- **再生可能エネルギー**…太陽光，風力，地熱，バイオマスなど。

❻ **人口・貧困問題**

- **人口が急激に増えている地域**…アフリカ州やアジア州。
- **貧困**…途上国を中心に貧困や飢餓の問題がある→**フェアトレード**(公正貿易)，**マイクロクレジット**(少額融資)などの取り組み，**政府開発援助**(**ODA**)，**非政府組織**(**NGO**)による支援などが行われている。

持続可能な開発目標(SDGs)→持続可能な社会を実現するために 2030 年までの達成をめざした 17 の国際目標。

入試直前確認テスト

次の問いに答えなさい。また，(　)にあてはまる語句を答えなさい。

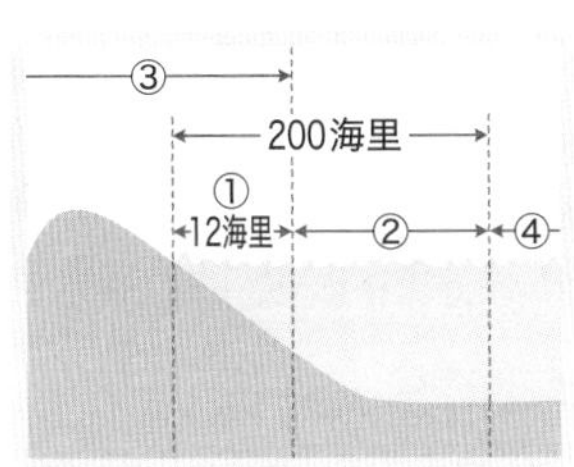

□ ❶ 右の図の①～④にあてはまる語句を答えよ。

□ ❷ 国際連合の本部がある，アメリカの都市名を答えよ。

□ ❸ 国際連合の全加盟国が参加し，各国がそれぞれ１票の投票権をもつ審議(しんぎ)機関は(　　)である。

□ ❹ 安全保障理事会の５常任理事国は，１国でも反対すると議決できない権限である(　　)をもつ。

□ ❺ 紛争(ふんそう)などを防ぎ，平和を維持(いじ)・管理する国際連合の活動を，アルファベットで(　　)と表す。

□ ❻ 次の略称(りゃくしょう)をアルファベットで答えよ。
①国連教育科学文化機関　②国連児童基金　③世界保健機関

□ ❼ 南側の発展途上(とじょう)国間でおこっている，資源があり産業が発達している国と，資源がなく産業が発達していない国の間でおこる経済格差を，(　　)という。

□ ❽ 次の表の①～③にあてはまる語句を答えよ。

年	会議名	別名など	開催都市名
1972	国連人間環境(かんきょう)会議	スローガン「(①)地球」	ストックホルム
1992	国連環境開発会議	(②)サミット	リオデジャネイロ
2002	接続可能な開発に関する世界首脳会議	(③)サミット	ヨハネスバーグ

❶ ① 領海　② 排他(はいた)的経済水域　③ 領空　④ 公海
❷ ニューヨーク　❸ 総会　❹ 拒否(きょひ)権　❺ PKO
❻ ① UNESCO(ユネスコ)　② UNICEF(ユニセフ)　③ WHO
❼ 南南問題　❽ ① かけがえのない　② 地球　③ 環境開発

高校入試対策●重要事項のまとめ

1. 入試に出る統計資料（世界）

世界の農作物生産

米

中国
27.1
%
その他
27.4
計
7.82億t
インド
22.1
5.6
7.2
10.6
インドネシア
ベトナム
バングラデシュ

小麦

中国
17.9%
その他
46.8
計
7.34億t
インド
13.6
9.8
ロシア
7.0
4.9
フランス
アメリカ
合衆国

とうもろこし

ウクライナ
3.1
その他
29.3
アメリカ
合衆国
34.2
%
計
11.5億t
中国
22.4
7.2
アルゼンチン
3.8
ブラジル

大豆

インド 4.0
中国
4.1
その他
11.8
アメリカ
合衆国
35.5%
計
3.5億t
10.8
ブラジル
33.8
アルゼンチン

茶

トルコ
4.3
その他
20.7
中国
41.2
%
計
634万t
4.8
7.8
インド
21.2
スリランカ
ケニア

綿花

ブラジル
その他
25.2
中国
25.2
%
計
2420万t
6.7
インド
19.4
6.9
パキスタン
16.6
アメリカ合衆国

天然ゴム

中国
その他
21.0
タイ
35.9
%
計
1364万t
コートジボワール
5.7
5.7
9.0
インドネシア
22.7
ベトナム

カカオ豆

カメ
ルーン
その他
21.1
コートジ
ボワール
37.4
%
計
525万t
5.9
6.3
ナイ
ジェリア
11.3
ガーナ
18.0
インドネシア

コーヒー豆

その他
31.1
ブラジル
34.5
%
計
1030万t
ホン
ジュラス
4.7
7.0
コロンビア
7.0
インドネシア
ベトナム
15.7

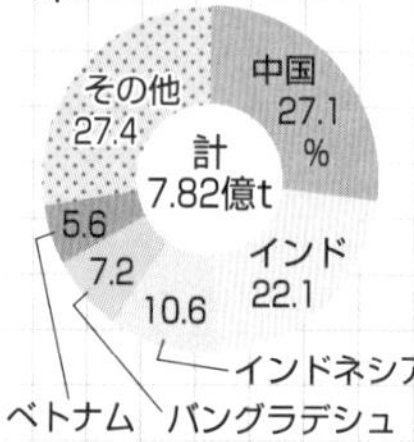

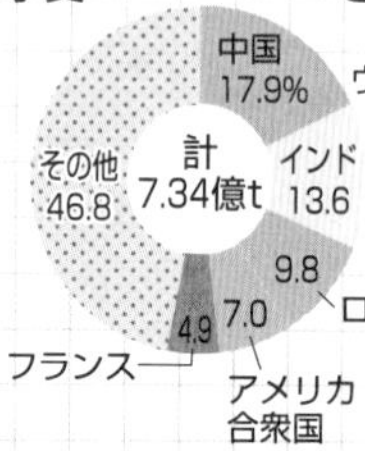

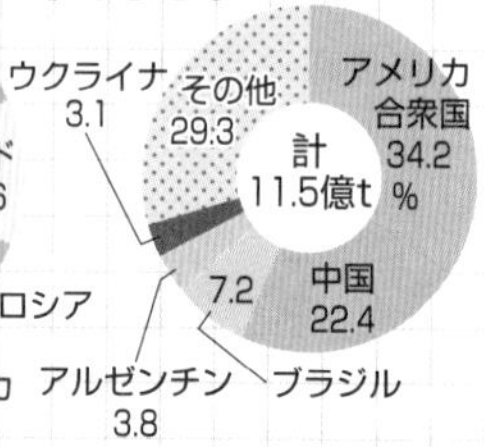

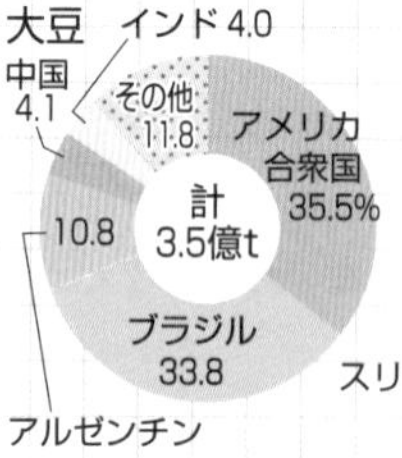

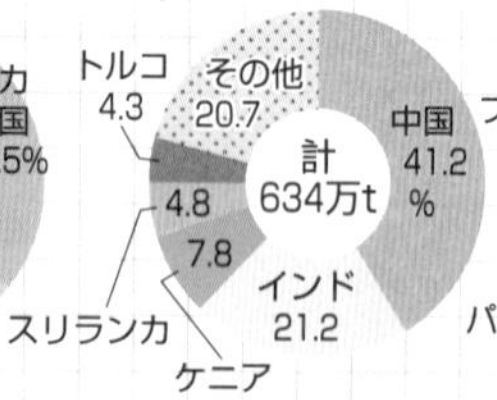

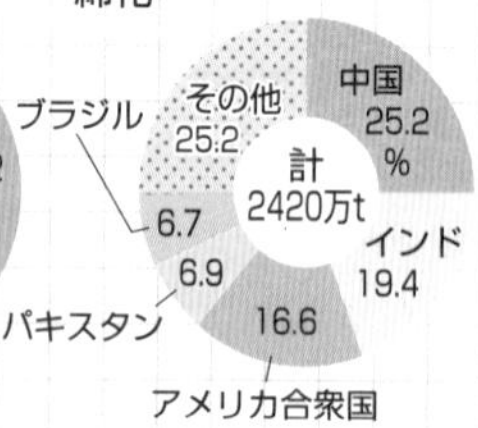

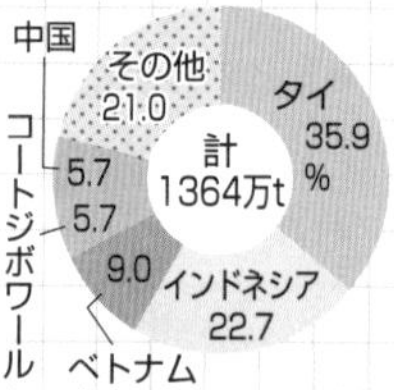

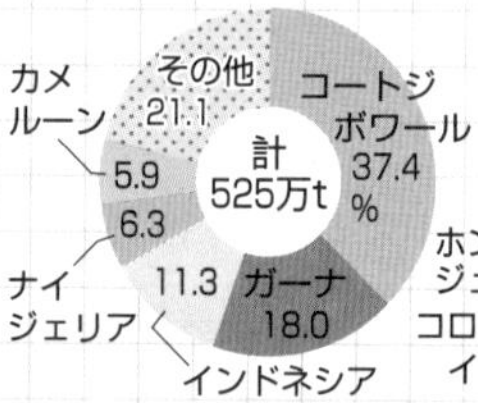

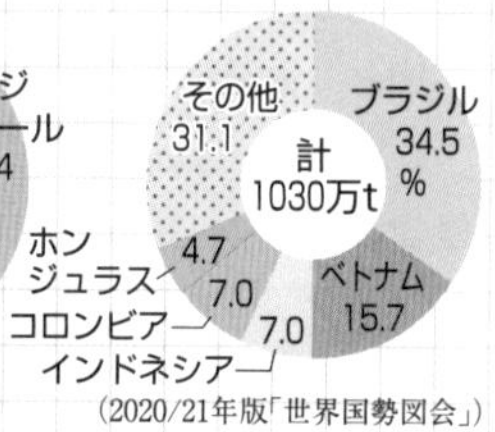

（2018年。天然ゴムは2019年）

（2020/21年版「世界国勢図会」）

世界のおもな農産物の輸出

米

パキスタン
その他
20.3
インド
27.1%
計
0.4億t
6.1
7.3
ベトナム
13.1
タイ
26.1
アメリカ
合衆国

（2017年）

小麦

ロシア
16.8%
その他
38.1
計
2.0億t
13.9
アメリカ
合衆国
カナダ
11.2
8.8
11.2
ウクライナ
オーストラリア

大豆

カナダ3.1
その他
6.6
パラグアイ4.0
アルゼンチン
4.9
計
1.5億t
ブラ
ジル
44.9%
36.5
アメリカ
合衆国

（2020/21年版「世界国勢図会」）

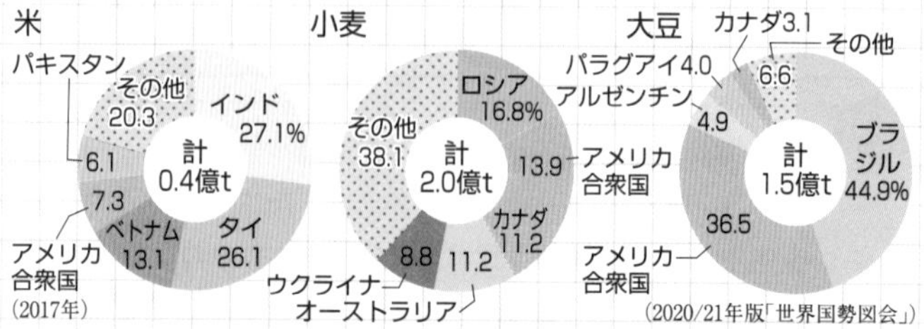

世界の鉱産資源産出

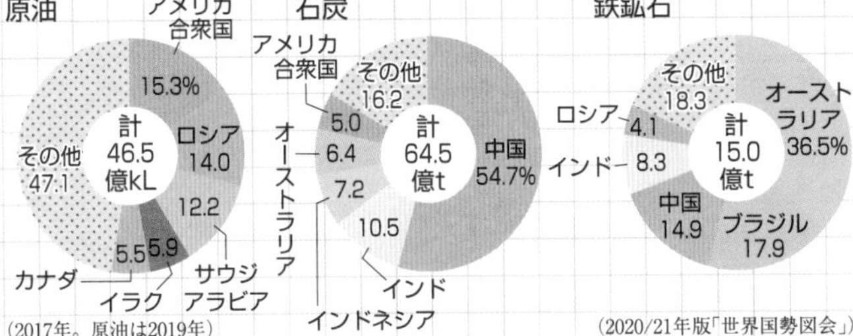

(2017年。原油は2019年)　(2020/21年版「世界国勢図会」)

世界のおもな国の輸出品目

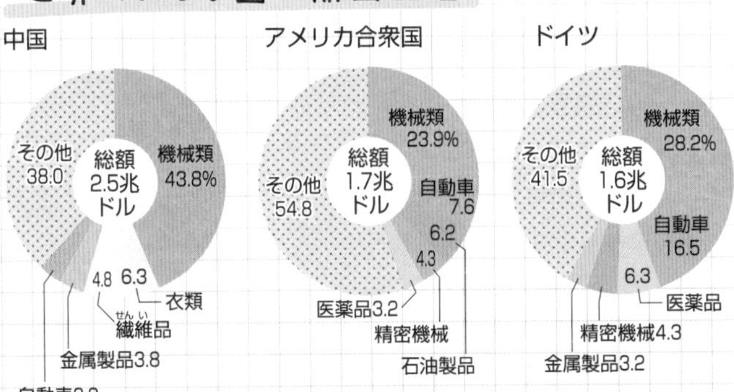

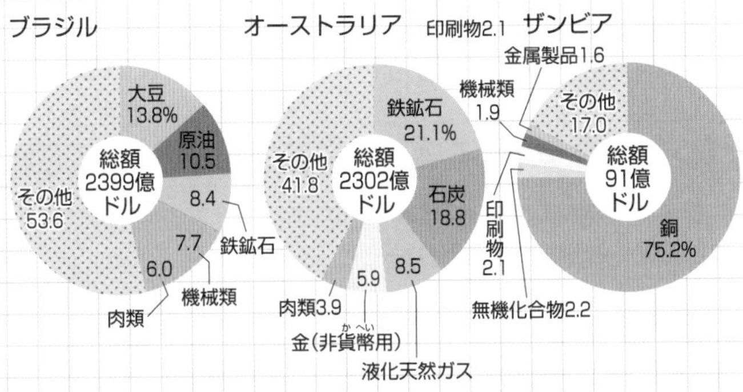

(2018年)　(2020/21年版「世界国勢図会」)

● 2019年の貿易総額世界第1位中国，第2位アメリカ合衆国，第3位ドイツ。ザンビアは**モノカルチャー経済**を示している。

月　日

高校入試対策●重要事項のまとめ

2. 入試に出る統計資料（日本）

日本の資源・エネルギー

- 日本は**火力発電**の割合が最も大きい。
- 水力発電にはダムの建設が必要なため,中部地方の**内陸部**に分布する。
- 火力発電所は燃料を輸入に依存しているため，**沿岸部**に多い。
- 原子力発電所の多くは，東日本大震災以降，再稼働の問題を抱えている。
- 現在は**再生可能エネルギー**に注目。

● 水力発電所
▲ 火力発電所
■ 原子力発電所
(2017年現在)

(2017年版「電気事業便覧」など)

▲おもな発電所

日本の石油化学工業

- 原料である原油の大部分は，西アジアからの輸入に依存している。
- 原油は**タンカー**で輸送される。
- 関連する工場どうしを**パイプライン**でつないだコンビナートを形成。
- 沿岸部に広い工業用地を必要とし，**太平洋ベルト**以外での立地はない。

(2019年7月現在)

(2020/21年版「日本国勢図会」)

▲おもな石油化学コンビナート

日本の自動車工業

- 輸送用機械器具の工業出荷額は**豊田市**を中心に，愛知県が日本一(2017年)。
- 組み立てに必要な部品が約３万必要で，多くの**関連工場**を要する。
- 愛知県や静岡県，関東の内陸県に工場が多く分布する。

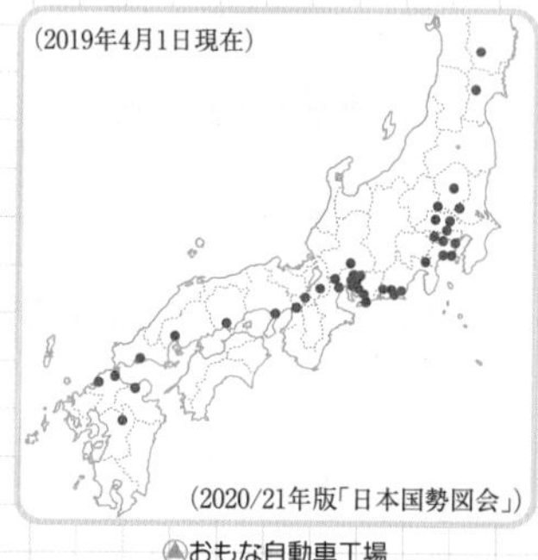

▲おもな自動車工場

日本の農業

	米	野菜	果実	畜産	その他
北海道	8.9%	18.0	0.4	58.3	14.4
東北	32.3%	18.7	14.1	31.0	3.9
北陸	60.3%	14.6	3.4	17.0	4.7
関東・東山	16.8%	36.3	9.6	27.0	10.3
東海	13.4%	29.8	8.3	29.4	19.1
近畿	26.8%	23.8	19.7	20.7	9.0
中国	25.3%	19.9	12.2	37.8	4.8
四国	13.0%	36.9	19.1	22.1	8.9
九州・沖縄	10.0%	23.5	7.1	46.4	13.0

※北陸：新潟・富山・石川・福井　東山：山梨・長野　東海：岐阜・静岡・愛知・三重

(2018年)　(2020/21年版「日本国勢図会」など)

▲地域別の農業生産額の割合

- 北海道地方…畜産の割合が50%を上回る。**根釧台地**や十勝平野などで酪農が盛ん。乳牛・肉牛の都道府県別の飼育頭数は日本一(2019年)。
- 東北地方…米の割合が大きい。秋田県の秋田平野や八郎潟干拓地の大潟村，山形県の**庄内平野**などでは水田単作地帯が多い。
- 関東地方…野菜の割合が大きい。大消費地である東京に近い千葉県や茨城県では，**近郊農業**が盛ん。
- 中部地方…米や野菜の割合が多い。北陸地方では水田単作地帯が多い。長野県ではレタスなどの**抑制栽培**やりんごの栽培が盛ん。静岡県では**みかん**，山梨県ではぶどう・ももなどの栽培が盛ん。
- 近畿地方…米や野菜の割合が大きい。奈良県や兵庫県，京都府で**近郊農業**が盛ん。和歌山県は**みかん**・うめ・かき(柿)の生産量が日本一(2018年)。
- 中国地方…米や畜産の割合が多い。鳥取県の鳥取砂丘では，らっきょうやメロンが生産されている。岡山県ではもも・ぶどうの栽培が盛ん。
- 四国地方…野菜の割合が大きい。高知県のきゅうりやピーマンの**促成栽培**，愛媛県のみかん栽培が有名。
- 九州地方…畜産の割合が40%以上を占める。肉牛・豚・肉用にわとり(ブロイラー)は，**鹿児島県**と宮崎県が都道府県別飼育頭(羽)数の上位に位置する。沖縄県ではさとうきびやパイナップルの生産が盛ん。

3. 入試に出る事件・できごと

時代	事件 / 年代	内容
飛鳥時代	**遣隋使の派遣** 607 年	**聖徳太子**が隋と外交関係を結ぶために，**小野妹子**らを遣隋使として送った。進んだ文化や政治制度を学ぶため，留学生や留学僧も同行した。
	大化の改新 645 年	**中大兄皇子**と**中臣鎌足**が中心となって，蘇我氏を倒し，天皇中心の新しい支配のしくみづくりに取り組んだ。
	白村江の戦い 663 年	**百済**の再興を支援するため，**唐・新羅**連合軍と戦ったが，敗北。中大兄皇子は，唐・新羅の攻撃に備え，都を大津宮(滋賀県)に移し，西日本の各地に山城を築いた。
	壬申の乱 672 年	天智天皇の死後，皇位をめぐり，弟・大海人皇子と息子・大友皇子の間でおきた争い。勝利した大海人皇子(**天武天皇**)は律令国家体制を強化した。
奈良時代	**墾田永年私財法** 743 年	**口分田**の不足を補うために，**租**を納める必要はあるが，私有を認めることで開墾を促した。貴族や寺院が積極的に開墾を行い，私有地を拡大した。
平安時代	**遣唐使の停止** 894 年	遣唐使に任じられた**菅原道真**が，唐の衰えと航海の危険を理由に進言。これ以降，遣唐使は派遣されなかった。
	院政の開始 1086 年	**白河天皇**が，天皇の位を譲って**上皇**となったあとも政治の実権をもち続け，院で政治を始めた。摂政・関白は政治の実権を失っていった。
	平治の乱 1159 年	**平清盛**と源義朝の争い。この戦いで，源氏は力を失い，平氏が政治の実権を握るようになった。のちに，平清盛は武士として初めて**太政大臣**となった。

鎌倉時代	**承久の乱** 1221 年	源氏の直系が滅亡したあと，**執権**である**北条氏**から政治の実権を奪い返そうと**後鳥羽上皇**がおこした乱。乱後，京都に**六波羅探題**が設置された。
	元寇 1274 年 1281 年	元の皇帝である**フビライ＝ハン**の服属の要求を，執権**北条時宗**が無視したため，元・高麗軍が博多湾に襲来。元寇のあとの恩賞が不十分だったため，御家人は幕府に不満をもった。
	徳政令 **(永仁の徳政令)** 1297 年	経済的に困っている御家人を救済するために幕府が出した，質入れした土地を返させる命令。しかし効果は一時的で，幕府は信用を失った。
	建武の新政 1334 年	**後醍醐天皇**が鎌倉幕府を倒したあとに行った天皇中心の新しい政治。公家重視の政治に対し，武士が不満をもち，わずか 2 年で失敗。
室町時代	**勘合貿易** **(日明貿易)** **の開始** 1404 年	**足利義満**が**明**から**倭寇**の取り締まりを要求され，朝貢形式で貿易を開始。倭寇と貿易船を区別するため勘合を用いた。輸入した銅銭は全国に流通し，貨幣経済が発達した。
	正長の土一揆 1428 年	近江(滋賀県)の**馬借**が中心となって，**徳政**を要求し，**酒屋**や土倉を襲った**土一揆**。この後，土一揆は近畿地方を中心に拡大した。
	応仁の乱 1467 年	将軍**足利義政**のあと継ぎ問題や，守護大名の対立が原因で，京都で 11 年間にわたって行われた戦乱。この後，**下剋上**の風潮が広まった。
	鉄砲伝来 1543 年	**種子島**(鹿児島県)に漂着した**ポルトガル**人によってもたらされた。堺(大阪府)や国友(滋賀県)で生産され，戦法や築城法も変化した。
安土桃山時代	**朝鮮侵略** 1592 年 1597 年	**豊臣秀吉**は，明の征服をめざして朝鮮に服属を求めたが，拒否されたため，二度にわたって朝鮮に攻めこんだ。民衆の抵抗や**李舜臣**の活躍により，日本軍は苦戦した。

安土桃山時代	**関ヶ原の戦い** 1600年	**徳川家康**側の東軍と豊臣政権を守ろうとした**石田三成**側の西軍の戦い。この戦いに勝利したことで，徳川家康は全国を支配する実権を握った。
江戸時代	**島原・天草一揆** 1637年	厳しい年貢の取り立てやキリスト教徒への弾圧に反発し，**天草四郎（益田時貞）**を大将にしておこした百姓一揆。このあと，幕府はキリスト教徒の取り締まりをさらに厳しくした。
	フランス革命 1789年	**絶対王政**を倒し，人々の自由と平等，主権は国民にあることを宣言する**（フランス）人権宣言**を発表した。
	大塩の乱 1837年	天保のききんに苦しむ人々を救おうと，元幕府の役人である**大塩平八郎**が，幕府の直轄地である大阪でおこした反乱。
	アヘン戦争 1840年	インドで栽培させたアヘンをもちこむイギリス船を清が厳しく取り締まったことで始まった。清が敗北し，結んだ**南京条約**は清に**領事裁判権**を認めさせ，清に**関税自主権**がない不平等条約であった。
	ペリー来航 1853年	アメリカ大統領の国書を携え，**浦賀**（神奈川県）に来航し，江戸幕府に対して開国を求めた。翌年，**日米和親条約**が結ばれた。
	大政奉還 1867年	15代将軍**徳川慶喜**が，政治の実権を朝廷に返還したこと。直後に，**王政復古の大号令**が発表され，徳川家は政治への影響力を失った。
明治時代	**戊辰戦争** 1868年	徳川家の政権からの排除に不満をもった旧幕府軍と新政府軍との戦い。京都の**鳥羽・伏見**の戦いから北海道の函館での戦いまでを指す。
	地租改正 1873年	土地の所有者に**地券**を発行し，地価の**3**％を土地所有者が現金で納税する制度。これまでの年貢米での収入と違い，国の財政が安定した。

明治時代	**西南戦争** 1877年	**西郷隆盛**のもとに集まった不平士族が，九州地方でおこした反乱。徴兵令で組織された近代的な政府の軍隊が乱を鎮圧し，この後，政府への批判は**自由民権運動**が中心となった。
	三国干渉 1895年	**ロシア**・ドイツ・フランスが日本に対し，**下関条約**で獲得した**遼東半島**の清への返還を勧告した事件。返還後，国民のロシアへの反感が高まった。
	辛亥革命 1911年	**三民主義**を唱えた**孫文**が中心となって反乱をおこし，清からの独立を宣言した革命。翌年，孫文を臨時大総統とする**中華民国**が建国された。
大正時代	**米騒動** 1918年	**シベリア出兵**を見こした米の買い占めによる，米価の高騰に対し，全国でおこった安売りを要求した暴動。**原敬**内閣が成立するきっかけとなった。
昭和時代	**世界恐慌** 1929年	ニューヨークでおこった株価の大暴落が世界中にもたらした深刻な不景気。各国の景気回復政策は国際協調体制をゆるがせた。
	五・一五事件 1932年	海軍の青年将校らによる，**犬養毅**首相暗殺事件。この事件によって**政党内閣**の時代が終わった。
	日中戦争 1937年	**北京**郊外での日中両軍の軍事衝突（**盧溝橋事件**）をきっかけに始まった戦争。中国はアメリカ・イギリスの支援を受け，戦争は長期化し，1945年の日本の**ポツダム宣言**受諾まで続いた。
	朝鮮戦争 1950年	朝鮮統一をめざし，北朝鮮が韓国に武力侵攻を行った。国連軍が韓国，中国義勇軍が北朝鮮を支援。この戦争は日本に**特需景気**をもたらした。
	石油危機 1973年	**第四次中東戦争**をきっかけに，世界中で原油価格が急激に上がった。この結果，世界的に景気は悪化し，日本の**高度経済成長**は終わった。

月　日

高校入試対策●重要事項のまとめ

4. 入試に出る史料

魏志倭人伝　弥生時代

- 邪馬台国にはすでに身分のちがいがあった。
- 卑弥呼は魏に使いを送り，「親魏倭王」の称号と銅鏡 100 枚を与えられた。

▲銅鏡

倭にはもともと男の王がいたが，国内が乱れたので一人の女子を王とした。名を卑弥呼という。
（一部要約）

十七条の憲法　飛鳥時代

- 聖徳太子（厩戸皇子）は蘇我馬子と協力し，天皇中心の政治体制づくりをめざした。
- 604 年に制定した十七条の憲法では役人の心がまえを示している。
- 前年には，家柄によらず能力のある者を役人に取り立てる**冠位十二階**の制度を制定。

一に曰く，和をもって貴しとなし，さからうことなきを宗とせよ。
二に曰く，あつく三宝をうやまえ。三宝とは仏・法・僧なり。
三に曰く，詔をうけたまわりては必ずつつしめ。
（一部要約）

防人の歌　奈良時代

- 『万葉集』におさめられた防人が詠んだ歌の１つで，原文は万葉仮名で書かれている。山上憶良の「貧窮問答歌」や，農民の歌などもおさめられている。
- 防人は兵役の１つで，３年間，九州北部の防衛にあたる。家族は働き手を失うことになり，非常に負担が重かった。

から衣
すそに取り付き
泣く子らを
置きてぞ来ぬや
母なしにして　（一部）

大仏造立の詔　奈良時代

- 右の史料に出てくる「わたし」は**聖武天皇**で，仏教の力で国を守ろうとした。
- 約10年間かかった大仏づくりには，僧の**行基**が協力した。

天下の富をもつ者はわたしであり，天下の勢いをもつ者もわたしである。…もし一本の草や一にぎりの土をもって仏像をつくろうと願うものがあれば，願いの通り許可する。（一部要約）

藤原道長の歌　平安時代

- **藤原道長**は４人のむすめを天皇のきさきとし，天皇の祖父として**摂政**の位について権力を握った。
- **摂関政治**は道長とその子頼通のころに全盛期となった。
- 娘の彰子に**紫式部**を仕えさせた。

この世をば
わが世とぞ思う
望月の
欠けたることも
なしと思えば

農民の訴え　鎌倉時代

- 鎌倉時代，農民は荘園領主と**地頭**の二重支配を受けており，領主と地頭の間で争いがおこった。
- 幕府の裁きによって，**下地中分**が行われた。

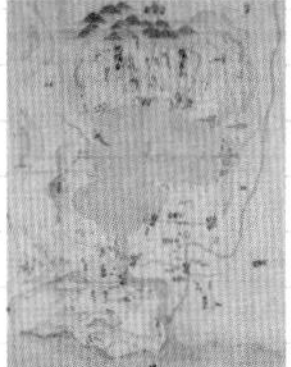

Ⓐ下地中分
（伯耆国河村郡東郷庄之図）

一，材木のことですが，地頭が上京するとか，労役だとかいっては，地頭のところでこき使われますので，まったく暇がございません。
（一部要約）

分国法　室町時代（戦国時代）

- **戦国大名**は領国の武士や民衆を統制し，領国支配を強固なものとするために，それぞれ独自の法を定めた。
- 戦国大名が独自に定めた法を，まとめて**分国法**という。

一，けんかをした者は，いかなる理由であっても処罰する。（一部要約）
（『甲州法度之次第』）

刀狩令　安土桃山時代

- 豊臣秀吉は，一揆を防止し，年貢を確実に納めさせるため，農民から一切の武器を取り上げた。この政策を**刀狩**という。

豊臣秀吉

- あいまいだった武士と農民の身分の区別が明確になり，**兵農分離**が進んだ。

諸国の百姓が刀や脇差し，弓，やり，鉄砲，その他の武具をもつことはかたく禁止する。
（一部要約）

武家諸法度　江戸時代

- 1615年に江戸幕府が定めた**大名統制**のための法令で，違反した大名は厳しく処罰された。
- 1635年に，**徳川家光**が領地と江戸を1年おきに往復する**参勤交代**の制度を追加し，参勤交代にかかる大名の財政負担は非常に大きなものとなった。

参勤交代での大名行列

一，武士は学問と武道をもっぱら心がけること。
一，諸国の城は，たとえ修理でも必ず幕府に報告すること。まして新しい城を築いてはならない。
一，大名は幕府の許可なく結婚をしてはならない。
（一部要約）

黒船来航の狂歌　江戸時代

- 1853年に**ペリー**が4隻の軍艦を率いて**浦賀**（神奈川県）に現れたときの幕府の動揺を詠んだ**狂歌**。
- 幕府批判は罰せられるため，上等な茶を飲み過ぎて眠れないと表面的には詠んでいる。

ペリー

泰平の　眠りをさます
上喜撰（蒸気船）
たった四杯で
夜も眠れず

五箇条の御誓文　明治時代

- 明治天皇が新しく政治を行うにあたって，その根本方針を神に誓う形で示したもの。

Ⓐ五箇条の御誓文

- 民衆に示した五榜の掲示は江戸時代の政策と変わらない内容。

一，広ク会議ヲ興シ万機公論ニ決スベシ
一，上下心ヲ一ニシテ盛ニ経綸ヲ行ウベシ
一，智識ヲ世界ニ求メ，大ニ皇基ヲ振起スベシ　（一部抜粋）

水平社宣言　大正時代

- 長く部落差別を受けた人々が差別と貧困からの解放を訴えて**全国水平社**を組織。創立大会で宣言文を採択した。

Ⓐ水平社の演説会

- 大正デモクラシーの風潮の中，女性解放をめざす**青鞜社**の活動や**労働争議**などの社会運動が高まった。

全国に散在する部落の人々よ，団結せよ。…我々は，心から人生の熱と光を求めるものである。水平社はこうして生まれた。
人の世に熱あれ，
人間に光あれ。
（一部要約）

ポツダム宣言　昭和時代

- 1945年7月に，アメリカ・イギリス・ソ連の首脳がドイツのベルリン郊外のポツダムで会談し，日本に無条件降伏を勧告する宣言を発表。
- この宣言に基づき，戦後，マッカーサーを最高司令官とする連合国軍最高司令官総司令部（GHQ）が占領統治を行った。

Ⓐマッカーサー

7　日本国に平和，安全，正義の秩序が建設されるまでは，連合国が日本国を占領する。
8　日本国の主権は，本州・北海道・九州・四国および連合国の決定する諸小島に限定される。
（一部要約）

月　日

高校入試対策●重要事項のまとめ

5. 入試に出る文化史

絵　画

①

（正倉院宝物）

②
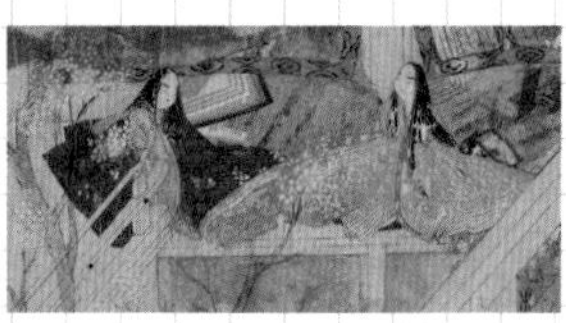

③
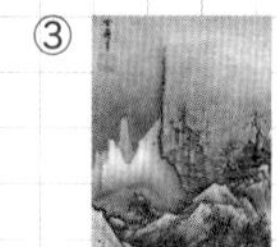

● **天平文化**（奈良時代）…この時代の文化は，唐の影響を強く受けていた。**正倉院**に保管されていた①の「鳥毛立女屏風」の女性も唐風の衣装を身につけている。

● **国風文化**（平安時代）…遣唐使の停止後，日本の自然や風俗を題材にした**大和絵**が描かれた。②の「源氏物語絵巻」には**十二単**の貴族の女性の姿が見える。

● **東山文化**（室町時代）…**雪舟**は明に渡って，墨一色で自然などを表現する**水墨画**の技法を学び，日本独自の画風を確立した。③は「秋冬山水図」。

④

⑤

⑥

● **桃山文化**（安土桃山時代）…大名の権威を示すため，**天守閣**をもつ壮大な城が建設され，城内には豪華なふすま絵や屏風絵が飾られた。④は**狩野永徳**の「唐獅子図屏風」。

● **化政文化**（江戸時代）…元禄文化から始まった町人の風俗を描く**浮世絵**は，多色刷りの版画（錦絵）となり，普及した。⑤は**葛飾北斎**の「富嶽三十六景」より「神奈川沖浪裏」。

● **明治時代の文化**（明治時代）…積極的に欧米の文化が導入された。フランスに留学した**黒田清輝**は明るい印象派の技法を日本にもたらした。⑥は「読書」。

建築様式

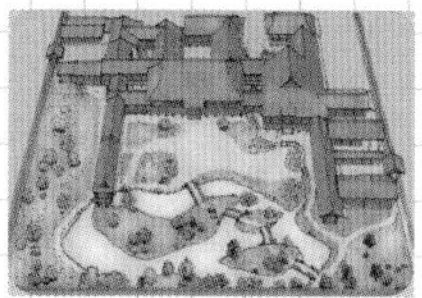

- **たて穴住居**…縄文時代～奈良時代までの庶民の住居様式。地面を掘りくぼめて柱を立て，その上に屋根をかけた。
- **寝殿造**…平安時代につくられた，南に庭園がある貴族の住居様式。庭園に面した寝殿を中心に，さまざまな建物を配置する。
- **書院造**…室町時代に始まる，床の間やふすまなどがある，現在の和風建築のもとになっている住居様式。

文　学

- **奈良時代**…天皇中心の律令政治の完成。
  - 天皇家の由来を説明した歴史書…『**古事記**』『**日本書紀**』
  - 天皇から農民までの歌をおさめた歌集…『**万葉集**』(万葉仮名)
- **平安時代**…藤原氏による摂関政治。
  - 仮名文字によって女性による文学が栄えた。
  - 『**源氏物語**』(紫式部)，『**枕草子**』(清少納言)
  - 天皇と貴族の歌集…『**古今和歌集**』
- **鎌倉時代**…武士の政権の誕生。
  - 琵琶法師が語り広める軍記物…『**平家物語**』
  - 民衆のいきいきした姿を描く随筆…『**徒然草**』(兼好法師)
- **室町時代**…民衆の経済的な成長。
  - 教育の広まりによる絵入りの物語…『一寸法師』などの御伽草子
- **江戸時代**…町人の経済力の発達。
  - 町人の生活を描く浮世草子…『世間胸算用』(**井原西鶴**・元禄文化)
  - こっけい本…『東海道中膝栗毛』(十返舎一九・化政文化)
- **明治時代**…外国から新しい思想の流入。
  - 自由・平等の思想…『**学問のすゝめ**』(福沢諭吉)

安 → あ
以 → い
宇 → う
衣 → え
於 → お

▲仮名文字への変化

- **大正時代**…大正デモクラシー。
  - 労働者の生活を描く**プロレタリア**文学…『蟹工船』(小林多喜二)

芸　能

- **能**…室町時代，足利義満の保護を受け，**観阿弥・世阿弥**父子が猿楽・田楽を発展させた能を大成。能の合間には喜劇である**狂言**が人気となった。

能(現代の舞台)

- **歌舞伎**…安土桃山時代に**出雲の阿国**という女性が京都で**かぶき踊り**を始め，人気を集めた。江戸時代の元禄文化の時期に，男性だけで演じられる**歌舞伎**に発達し，町人の娯楽の１つとなった。

出雲の阿国によるかぶき踊り

- **人形浄瑠璃**…三味線の伴奏で太夫が語る浄瑠璃に合わせて人形が演じる演劇。江戸時代の元禄文化では，実際にあった事件を題材とした**近松門左衛門**の脚本が人気を集めた。

人形浄瑠璃(現代の舞台)

学　問

- 江戸時代に急速に発達した。
- **朱子学**…身分や秩序を重んじ，幕府が奨励した学問。
- **国学**…仏教や儒教の影響を受ける前の日本独自の文化や思想を研究する学問で，『古事記伝』を著した**本居宣長**が大成。やがて幕末の尊王攘夷運動に影響を与えた。
- **蘭学**…ヨーロッパの学問や文化を学ぶ。
  - **杉田玄白**や前野良沢らがオランダ語の解剖書を翻訳した『**解体新書**』を出版した。

『解体新書』

宗　教

- **古墳時代**…6 世紀に仏教が百済から正式にもたらされた。
- **飛鳥時代**…聖徳太子(厩戸皇子)や蘇我氏が仏教を広めようとした。
  - **法隆寺**…聖徳太子が建てた。(現存する世界最古の木造建築)

法隆寺

- **奈良時代**…仏教の力で国を守ろうとした。
  - 聖武天皇…**国分寺・国分尼寺**をつくり，大仏造立の詔を出した。
- **平安時代**(初期)…山奥の寺で厳しい修行をする仏教の宗派が最澄と空海によって唐からもたらされた。
  - **最澄**…天台宗(比叡山延暦寺)
  - **空海**…真言宗(高野山金剛峯寺)
- **平安時代**(中期)…念仏を唱えて阿弥陀仏にすがり，極楽浄土へ生まれ変わることを願う**浄土信仰**が広まった。
  - 藤原頼通…**平等院鳳凰堂**

平等院鳳凰堂

- **鎌倉時代**…武士や庶民にわかりやすい新しい仏教が生まれた。また，中国から座禅によってさとりを開く**禅宗**がもたらされた。
  - 法然…浄土宗 ┐
  - 親鸞…**浄土真宗** ├ 念仏を唱える。
  - 一遍…時宗 ┘
  - 日蓮…日蓮宗(法華宗) 題目を唱える。
  - 栄西…**臨済宗**(禅宗) ┐ 座禅を組む。
  - 道元…**曹洞宗**(禅宗) ┘

銀閣(室町時代)

- **室町時代**…幕府の保護を受けた禅宗が広まった。

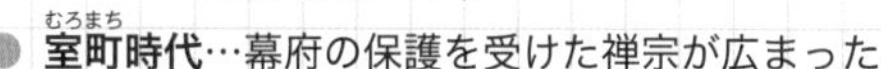

- **戦国時代**…1549 年，**フランシスコ＝ザビエル**が**キリスト教**を伝えた。
- **安土桃山時代**…織田信長はキリスト教の布教を認めたが，その後豊臣秀吉がキリスト教の布教を禁止した。
- **江戸時代**…幕府はキリスト教の禁教を徹底し，**絵踏**や宗門改でキリスト教徒を排除しようとした。
- **明治時代**…初めは禁止したキリスト教をのちに認めるようになった。

6. 入試に出る公民の図表 ①（憲法・政治）

憲法改正の手続き

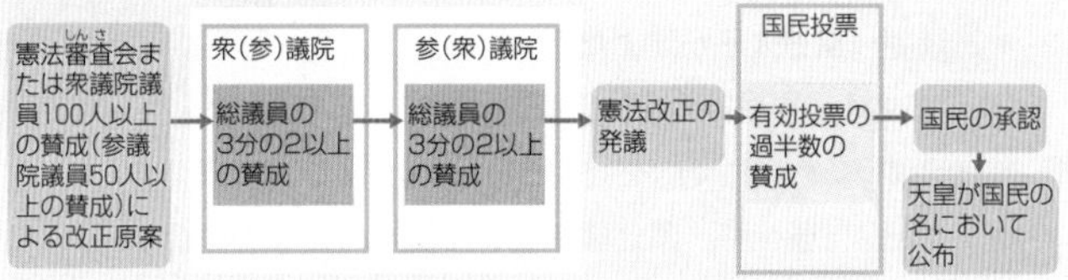

● 各議院の総議員の3分の2以上の賛成がないと，発議できない。

地方公共団体のおもな住民の直接請求権

請求の種類	必要な署名数	請求先
条例の制定や改廃（イニシアチブ）	有権者の**50分の1**以上	**首長**
監査の請求	有権者の**50分の1**以上	監査委員
議会の解散	有権者の**3分の1**以上※	**選挙管理委員会**
首長・議員の解職（リコール）	有権者の**3分の1**以上※	**選挙管理委員会**

※有権者が40万人を超える場合は，必要署名数は緩和される。

● 人の地位や職を失わせる解散請求や解職請求は，ほかの請求より多くの署名が必要。

衆議院と参議院

	衆議院	参議院
定数	**465**人	**248**人※
任期	**4**年（解散あり）	**6**年（解散なし，3年ごとに半数を改選）
選挙権	18歳以上（2015年に公職選挙法が改正されたため。）	
被選挙権	25歳以上	30歳以上
選挙区	**小選挙区比例代表並立**制 比例代表選出＊　176人 小選挙区選出　**289**人	比例代表選出＊　100人 選挙区選出　148人

＊比例代表で衆議院は政党名，参議院は政党名または候補者名を書いて投票する。

※公職選挙法の改正により，参議院の定数はそれまでの242人から2019年の選挙で245人，2022年の選挙で248人と3人（比例代表2人，選挙区1人）ずつ増員。

● 衆議院の選挙は**小選挙区比例代表並立制**で行われる。

国会審議の過程

- 予算の審議は必ず衆議院が先に行う。法律案の審議は衆議院，参議院のどちらから始めてもよい。

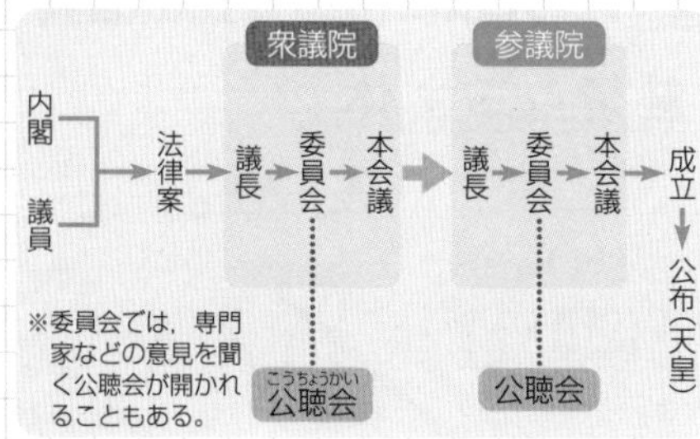

議院内閣制

- 内閣は国会の信任によって成立し，国会に対して連帯して責任を負うしくみ。

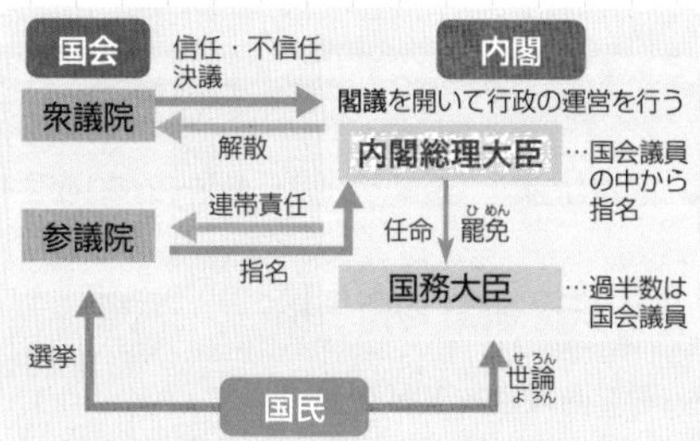

法廷のようす

- 検察官や被告人がいるのは刑事裁判。
- 原告・被告がいるのは民事裁判。

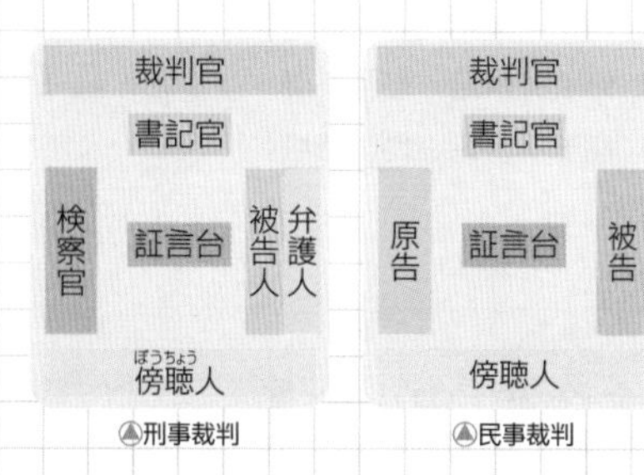

▲刑事裁判　▲民事裁判

三権分立

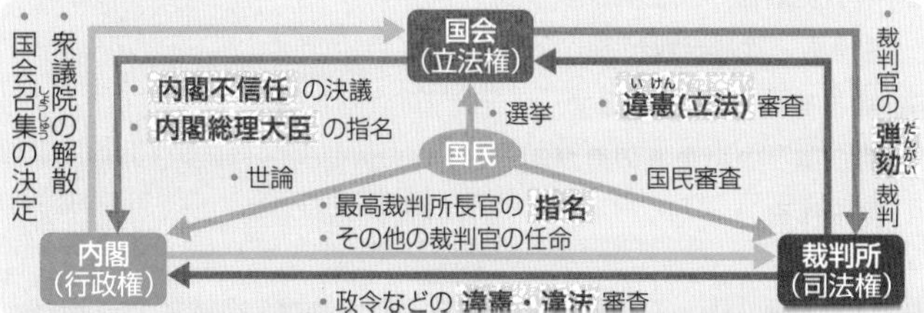

月　日

高校入試対策●重要事項のまとめ

7. 入試に出る公民の図表 ②（経済・国際）

経済の三主体

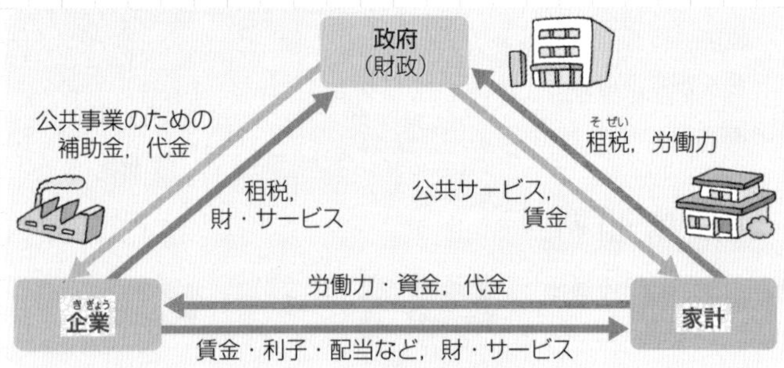

- 家計（消費），企業（生産），政府（財政）が主体。

需要・供給曲線と均衡価格

- 需要曲線は右下がり。
- 供給曲線は右上がり。
- 需要＞供給→価格上昇
- 需要＜供給→価格下降
- 需要＝供給→均衡価格

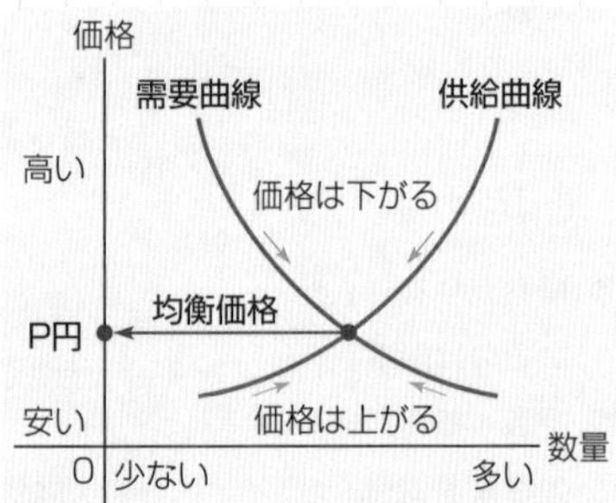

大企業と中小企業

- 中小企業は，大企業より企業数・従業者数が多い。
- 給与その他の待遇面で，大企業と中小企業の差が見られる。

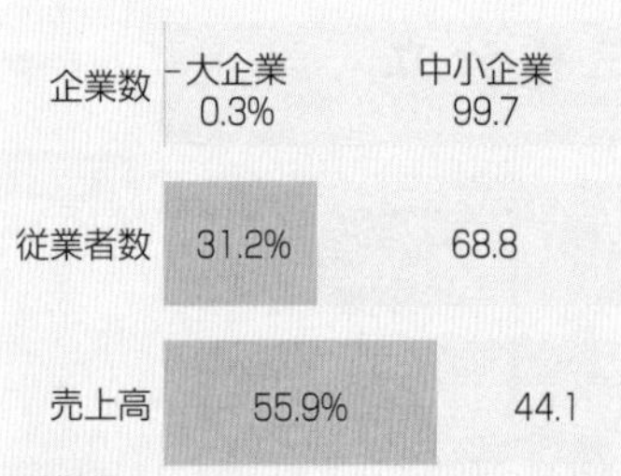

※製造業。
（2016年。売上高は2015年）（2020年版「中小企業白書」）

株式会社のしくみ

- 株式会社は，会社の経営に必要な資金を少額の株式に分け，それを多くの人に売ることで資金を集める。

株主　出資　資金　株券　購入　株式　発行　資本　生産や販売などの会社の活動　配当（利潤の一部）　利潤　仕事の決定　社員　役員　社長　専務　常務　経営を担当　取締役会　選任　株式会社　株主総会　出席　・会社の方針を決定

財政のしくみ

- 歳入…公債金(借金)が約３割。
- 歳出…社会保障関係費は約35%，国債費は約23%，地方交付税交付金は約15%。

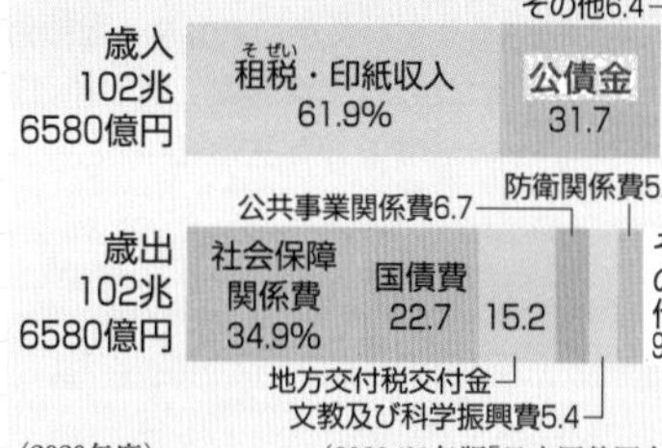

景気変動

- 好景気→景気後退→不景気→景気回復をくり返す。景気循環ともいう。
- 好景気のときには物価の上昇(**インフレーション**)，不景気のときには物価の下落(**デフレーション**)がおこる。

環境問題

- １国のみの問題ではないため，世界各国の連携が必要。
- 国際連合は，2030年までに達成すべき17の持続可能な開発目標(**SDGs**)を採択した。

熱帯林の破壊　砂漠化　酸性雨　温暖化による水没の危機　オゾン層の破壊

装丁デザイン　ブックデザイン研究所
本文デザイン　京田クリエーション
図　版　デザインスタジオエキス.
イラスト　ウネハラユウジ

写真所蔵・提供
会津若松市立会津図書館　朝日新聞社　外務省外交史料館　木曽三川公園　京都大学附属図書館　宮内庁三の丸尚蔵館　宮内庁正倉院事務所　国土交通省京浜河川事務所　国文学研究資料館　国立国会図書館　東京大学史料編纂所　徳川美術館所蔵©徳川美術館イメージアーカイブ/DNPartcom　奈良市教育委員会　ピクスタ　平等院　福岡市博物館所蔵 画像提供：福岡市博物館/DNPartcom　文楽劇場　明治神宮聖徳記念絵画館　若狭湾青少年の家　ColBase（http://colbase.nich.go.jp）　ほか

〈敬称略・五十音順〉

本書に関する最新情報は，小社ホームページにある**本書の「サポート情報」**をご覧ください。(開設していない場合もございます。)
なお，この本の内容についての責任は小社にあり，内容に関するご質問は直接小社におよせください。

高校入試 まとめ上手 社会

編著者　中学教育研究会　発行所　受験研究社

発行者　岡　本　明　剛　©株式会社　増進堂・受験研究社

〒550-0013　大阪市西区新町2—19—15
注文・不良品などについて：(06)6532-1581(代表)／本の内容について：(06)6532-1586(編集)

Printed in Japan　岩岡印刷・高廣製本
落丁・乱丁本はお取り替えします。